- 浙江省"三农六方"科技协作计划项目"深化'肥药两制'改革推动农业绿色发展的机制研究"（项目编号：2021SNLF031）

- 浙江数字化发展与治理研究中心、浙江省数字化改革研究智库联盟 学术支持

数字化改革研究系列丛书

DIGITALLY EMPOWERED EFFICIENT
ECO-AGRICULTURE

THE MAJOR APPLICATION OF "ZHE NONG YOU PIN"

数字赋能
高效生态农业

"浙农优品"重大应用

林爱梅 顾兴国 等◎著

ZHEJIANG UNIVERSITY PRESS
浙江大学出版社
·杭州·

图书在版编目（CIP）数据

数字赋能高效生态农业："浙农优品"重大应用 /
林爱梅等著. -- 杭州：浙江大学出版社，2023.6
ISBN 978-7-308-23823-6

Ⅰ.①数… Ⅱ.①林… Ⅲ.①数字技术—应用—生态
农业—研究—浙江 Ⅳ.①F327.55-39

中国国家版本馆CIP数据核字（2023）第092963号

数字赋能高效生态农业："浙农优品"重大应用
林爱梅 等著

责任编辑	陈佩钰
文字编辑	葛 超
责任校对	许艺涛
封面设计	雷建军
出版发行	浙江大学出版社
	（杭州天目山路148号　邮政编码：310007）
	（网址：http://www.zjupress.com）
排　版	浙江时代出版服务有限公司
印　刷	浙江全能工艺美术印刷有限公司
开　本	710mm×1000mm　1/16
印　张	15
字　数	177千
版 印 次	2023年6月第1版　2023年6月第1次印刷
书　号	ISBN 978-7-308-23823-6
定　价	79.00元

丛 书 序

数字化改革是数字浙江建设的新阶段，是数字化转型的一次新跃迁，是浙江立足新发展阶段、贯彻新发展理念、构建新发展格局的重大战略举措。数字化改革本质在于改革，即以数字赋能为手段、以制度重塑为导向、以构建数字领导力为重点，树立数字思维、增强改革意识、运用系统方法，撬动各方面各领域的改革，探索建立新的体制机制，加快推进省域治理体系和治理能力现代化。

浙江历来是改革的先行地，一直以来不断通过改革破除经济社会的体制机制障碍、打破思想桎梏，激发经济社会发展的活力。进入新发展阶段，浙江聚焦国家所需、浙江所能、群众所盼、未来所向，按照"一年出成果、两年大变样、五年新飞跃"总体时间表，体系化、规范化推进数字化改革，以"三张清单"找准重大需求、谋划多跨场景、推进制度重塑，在现代化跑道上推动共同富裕示范区建设，逐渐形成与数字变革时代相适应的生产方式、生活方式、治理方式。在"两年大变样"即将完成之际，急需社科界深入挖掘浙江数字化改革潜力、牵引全面深化改革取得开创性成效，总结数字化改革浙江经验、提炼数字化改革理论方法，寻找具有普遍性和规律性的内在动因机制。

按照构建智库大成集智工作机制的理念思路，浙江省社会科学界联合会指导并组建以浙江数字化发展与治理研究中心为牵头单位，杭州电子科技大学浙江省信息化发展研究院等21家单位共同参与的浙江省数字化改革研究智库联盟（以下简称联盟），全面开展数字化改革研究，为浙江省数字化改革提供理论支撑和智力支持。自2021年8月成立以来，联盟一方面不断壮大规模，全面构建高水平研究团队，积极为浙江省委、省政府乃至国家建言献策；另一方面深化资源共享，创新多元化合作研究机制，构建浙江数字化改革实践创新案例数据库平台，打造展示浙江数字化改革的"重要窗口"。联盟持续发布了《浙江省数字化改革实践创新报告（2021）》《数字化需求测评报告》等系列品牌成果，其理论成果《关于数字化改革理论内涵的解读》入选2022年浙江省数字化改革"最响话语"。

党的二十大报告指出，要"以中国式现代化全面推进中华民族伟大复兴"，"扎实推进共同富裕"。浙江省第十五次党代会提出，"在高质量发展中奋力推进中国特色社会主义共同富裕先行和省域现代化先行"。数字化改革作为全面深化改革的总抓手，是实现现代化先行和共同富裕示范的"船"和"桥"，为扎实推进"两个先行"提供根本动力。站在新的历史起点，聚焦书写数字化改革浙江样本，高水平推进数字化改革，打造数字变革高地，浙江数字化发展与治理研究中心组织联盟成员单位，深入开展调查研究，剖析数字化改革实践案例，进行数字化改革理论创新，推动数字化改革探索和实践上升为理论成果，形成了数字化改革研究丛书。本丛书凝炼数字化改革智慧、传播数字化改革经验、唱响数字化改革之声，旨在为经济社会高质量发展和治理体系、治理能力现代化提供智力支持。

　　作为智库联盟的大成集智产品，希望本丛书的出版能够起到抛砖引玉的作用，带动国内数字化改革、中国式现代化等领域研究的持续发展，也希望以本书为纽带，在无边界的研究群落中为更多的学者架起沟通、互动、争鸣、协同的桥梁。

郭华巍

浙江省社科联党组书记、副主席

2022 年 11 月于杭州

推 荐 序

2005年1月，时任浙江省委书记习近平同志从浙江农业资源紧缺和发挥比较优势的实际出发，作出了大力发展高效生态农业的重大决策①。10多年来，浙江省坚定不移沿着习近平总书记指引的路子走下去，先后通过发展生态循环农业、创建农业绿色发展示范区、实施"肥药两制"改革等举措，持续探索一条以绿色消费需求为导向，以提高农业市场竞争力和可持续发展能力为核心的高效生态农业发展之路。

2021年，浙江省全面启动数字化改革，省农业农村厅深入贯彻全省数字化改革决策部署，分别在农业、农村、农民三大领域推出系列重大应用。"浙农优品"锚定数字全面赋能高效生态农业集成改革目标，按照省委改革办重大改革（重大应用）一本账要求，聚焦农民与市民、市场与政府12项重大需求，围绕农产品从田间地头到市民餐桌服务管理全流程，重塑12项业务流程，创新4项体制机制，构建7个核心场景，创造7项全国第一。

---

① 习近平.之江新语.杭州：浙江人民出版社，2007：109.

该应用横向协同发改、生态等 7 部门，纵向贯通 11 市、87 县（市、区），自 2021 年 12 月上线以来，全省 2.6 万规模主体、0.6 万农资店全注册，服务侧、治理侧覆盖率分别达 95%、96%，应用 PC 端、手机端用户日均访问量达 31 万余次，在质量安全、产销对接、稳产保供、污染防治等方面发挥了实战实效。2022 年，"浙农优品"荣获浙江省数字经济创新发展重大应用成果奖、入选"浙江数字化改革成果献礼二十大"北京展览、亮相全国数字乡村大会成果展等殊荣。

"浙农优品"重大应用是浙江省农业产业变革的新载体，是重塑干部知识能力结构的新领域，是持续擦亮高效生态农业金名片的新范式，它的理论和实践具有重大引领和示范意义，值得认真总结和梳理。《数字赋能高效生态农业——"浙农优品"重大应用》一书，在对高效生态农业的内涵特征、理论基础和国外实践深入阐释的基础上，详细介绍了高效生态农业集成改革数字化载体——"浙农优品"的顶层设计、总体架构、核心场景、组件模块等开发迭代与应用推广的实践经验，并分别从省级和县级两个层面对集成改革的成效进行了呈现。它主要由"浙农优品"应用集中攻坚小组的骨干成员编写完成，不仅承载了他们对这项工作的理解和感悟，更凝聚了集体的智慧和心血。这是迄今第一本介绍浙江省农业数字化改革成果的著作，内容详实、图文并茂，兼具理论指导性与实践操作性。这本书的出版一定会对提升"三农"干部和新农人的数字素养有所裨益，对全面深化农业农村数字化改革、扎实推进农业农村现代化先行省建设产生重要助推作用！

唐冬寿

浙江省农业农村厅党组成员、副厅长

2022 年 12 月 2 日

目　录

第一章　高效生态农业的理论基础与国外实践……………………… 1

　　第一节　高效生态农业的内涵与特征…………………………… 1

　　第二节　高效生态农业的理论基础…………………………… 6

　　第三节　国外高效生态农业发展实践与启示………………… 14

第二章　浙江高效生态农业发展与数字化改革…………………… 24

　　第一节　浙江高效生态农业的发展历程……………………… 24

　　第二节　成效与挑战…………………………………………… 30

　　第三节　数字化改革：高效生态农业发展的新机遇………… 37

　　第四节　"浙农优品"推动高效生态农业集成改革………… 47

第三章　"浙农优品"的顶层设计与总体框架…………………… 56

　　第一节　顶层设计……………………………………………… 56

　　第二节　总体架构……………………………………………… 69

　　第三节　驾驶舱与核心场景…………………………………… 73

　　第四节　用户端口……………………………………………… 95

第四章　"浙农优品"的能力建设………………………………… 102

　　第一节　业务数据……………………………………………… 102

　　第二节　能力组件……………………………………………… 119

　　第三节　智能模块……………………………………………… 130

第五章　"浙农优品"的先行先试与融合贯通 ……………………… 136

　　第一节　省级统建与地方试点之间的协调 ………………………… 136

　　第二节　模块、应用与平台之间的多跨融合 ……………………… 141

　　第三节　省级、市级与县级之间的穿透贯通 ……………………… 146

第六章　"浙农优品"的集成创新与突出成效 …………………………… 152

　　第一节　业务流程再造 ……………………………………………… 152

　　第二节　体制机制创新 ……………………………………………… 160

　　第三节　实战实效凸显 ……………………………………………… 164

第七章　数字赋能浙江高效生态农业的典型案例 ……………………… 180

　　第一节　案例之永康——全力推动"浙农优品"落地见效 ……… 180

　　第二节　案例之平湖——数字引领农业新"智""态" ………… 187

　　第三节　案例之安吉——"白茶产业大脑"赋能共同富裕 ……… 192

　　第四节　案例之仙居——"亲农在线"赋能杨梅产业 …………… 198

　　第五节　案例之黄岩——"瓜果天下"助力共同富裕 …………… 205

　　第六节　案例之德清——数字赋能渔业产业 ……………………… 211

参考文献 ………………………………………………………………… 218

第一章

高效生态农业的理论基础与国外实践

第一节　高效生态农业的内涵与特征

　　21世纪初，随着工业化、城市化、市场化加速发展，浙江农业发展受到劳动力老龄化、资源环境瓶颈化、产品需求升级化、供应链国际化等国内国际因素的钳制或倒逼压力越来越大，面对挑战与机遇，浙江农业发展转型升级势在必行。2005年1月，在全省农村工作会议上，时任浙江省委书记习近平同志从浙江农业资源紧缺和发挥比较优势的实际出发，作出了大力发展高效生态农业的重大决策。他指出，"高效生态农业是集约化经营与生态化生产有机结合的现代农业。它以绿色消费需求为导向，以提高农业市场竞争力和可持续发展能力为核心。兼有高投入、高产出、高效益与可持续发展的双重特征，它既区别于高投入、高产出、高劳动生产率的石油农业，也区别于偏重维护自然生态平衡、放弃高投入、高产出目标的自然生态农业，符合浙江资源禀赋实际，也符合现代农业的发展趋势，是对效益农业的进一步提升。所谓高效，就是要体现发展农业能够使农民致富的要求。所谓生态，就是要体现农业既能提供绿色安全农产品又可持续发展的要求"。①

2007年3月，习近平同志在《人民日报》发表了《走高效生态的新型农业现代化道路》的文章，再次对高效生态农业的理论思想和政策框架进行系统阐述。文中指出："高效生态农业是以绿色消费需求为导向，以提高市场竞争力和可持续发展能力为核心，具有高投入、高产出、高效益与可持续发展的特性，集约化经营与生态化生产有机耦合的现代农业。高效生态农业既具有现代农业的一般特性，又反映了人多地少的经济较发达地区农业发展的特殊性。发展高效生态农业，既符合中央的要求，又紧密结合浙江的实际。概括起来，发展高效生态农业就是坚持以科学发展观为统领，走经济高效、产品安全、资源节约、环境友好、技术密集、凸显人力资源优势的新型农业现代化道路。"②文章明确阐述了高效生态农业的主要特征：（1）经济高效。就是做大做强有比较优势的农业主导产业，着力提升农业集约经营水平，开拓农业的多种功能，拉长农业产业链，提高农产品附加值，使农业成为能够带动农民致富的高效产业。（2）产品安全。就是以绿色消费为导向，大力发展优质安全的农产品，形成从农田到餐桌全过程的农产品质量安全保障体系，以绿色安全来提升农产品的市场竞争力。（3）资源节约。就是从浙江农业资源短缺的实际出发，注重农业资源的节约使用、

---

① 习近平.之江新语.杭州：浙江人民出版社，2007：109.

② 习近平.走高效生态的新型农业现代化道路.人民日报，2007-03-21（9）.

循环利用、综合开发，积极推广资源节约型生产经营模式。（4）环境友好。就是按照人与自然和谐发展的要求，推进农业标准化清洁生产，加强农业污染治理和生态环境建设，实现农业可持续发展。（5）技术密集。就是使科技进步成为农业增长的主要动力，大幅度提高农业的科技含量和科技贡献率，充分运用生物技术、信息技术、新材料技术提升种子种苗、种植养殖和农产品精深加工水平。（6）凸显人力资源优势。就是从人多地少的实际出发，充分发挥精耕细作的优良传统，着力提高农业劳动者的科技文化素质，大力发展劳动密集型与技术密集型相结合的特色优势产业，挖掘农业就业增收的潜力，促进农业向广度和深度进军，使农业发展真正走上依靠科技进步和提高劳动者素质的轨道。①

在著名"三农"专家顾益康看来，习近平同志提出的这一新型农业现代化道路，至少有五个方面的显著特点和特色（邱然等，2021）：

一是坚持探索符合浙江省情、农情的农业现代化道路，不崇洋媚外，也不墨守成规。从浙江小规模、小农户为农业经营主体的实际出发，积极探索一条改造小农、提升小农、组织小农，把小农与现代农业发展体制有机融合的新型现代农业发展模式。

二是注重农业发展观念创新，按照比较优势的原则促进农业转型升级。以农业市场化的理念来发展农业，以农业产业化的理念来经营农业，以农业功能多样化的理念来开发农业，以可持续发展的理念来建设农业。充分挖掘农业的农产品生产功能、丰富生活的功能、涵养生态的功能、传承文化的功能。

---

① 习近平.走高效生态的新型农业现代化道路.人民日报，2007-03-21（9）.

三是注重现代农业体系建设的系统性，重视推进农田水利设施建设和装备机械化的现代化。一方面，以高标准农地建设、水利排灌设施建设和农业生态环境建设为基础，以粮食功能区建设、现代农业园区建设和特色农业精品园区建设为载体，全面推进农业园区化建设。另一方面，以农业信息化、农业机械化为目标，大力提升农业装备现代化水平。

四是注重培育现代农业生产经营主体，解决好谁来搞现代农业的问题。注重创新农业经营体制，形成集约化家庭经营与产业化合作经营相结合的新型农业双层经营体制，大力推动土地流转和适度规模经营，让家庭农场、专业合作社、农业龙头企业成为农业新型经营主体。积极创新农业服务形式，大力推进以农民专业合作社为基础、供销合作社为依托、农村信用合作社为后盾的"三位一体"的服务联合体建设，努力构建以政府部门的服务和管理为保障的集技术、信息、金融、营销等服务于一体的新型农业服务平台。

五是建立健全以工促农、以城带乡的现代农业发展机制。按照新型工业化、新型城镇化、新型农业现代化和新农村建设整体推进的思路，把工业与农业、城市与农村作为一个整体来谋划，进一步健全工业反哺农业、城市带动农村的体制机制，充分发挥工业化、城镇化、市场化对"三农"的带动作用和"三农"对"三化"的促进作用，让农民主动参与"三化"进程，既成为"三化"的重要推动力量，又成为"三农"现代化的主力军。

围绕高效生态农业的内涵与特征，学界也进行了丰富的研究探索。

在内涵方面，顾益康和黄冲平（2008）将高效生态农业释义为以绿色消费需求为导向，以理念创新、结构创新、科技创新、体制创新为动力，以提高农业市场竞争力和可持续发展能力为核心，具有经济高效、产品安全、资源节约、环境友好、技术密集、人力资源优势得到充分发挥等本质特征的农业发展模式。孙略（2017）提出，高效生态农业是指按照生态学理论，针对特定区域、科学规划区域内的生物及非生物资源，开展农业生产活动。高效生态农业是一种能够充分发挥区域内资源作用，且对环境少有破坏的生产系统，其推广应用能够有效推动农村经济发展。刘朋虎等（2017）提出，高效生态农业就是集约化经营与生态化生产有机耦合的现代农业。其主要内涵是以满足绿色消费需求为导向，以乡村绿色生产为载体，以生产优质产品为举措，着力提高农业竞争实力，着力强化持续发展能力，因地制宜优化构建资源节约型与环境友好型的农业高效生产与优化经营模式。

在特征方面，黄国勤等（2011）认为高效生态农业具有以下八个明显特征：生物多、环境佳、结构良、功能强、质量优、效益高、低排放、可持续。刘桂花（2016）认为，高效生态农业具有农业经济形态高级化、农业产业结构生态化、农业经济体系运作高效性及农业经济体系和谐性等特征，具有环境友好性、可持续性、需要要素支撑等内在属性。孙略（2017）研究提出，高效生态农业区别于普通农业生产模式的特征在于高效性、生态性、综合性。高效性，是指对区域内各种资源的高效利用、农业生产社会效益的提高以及区域环境效益的提高等。生态性，是指严格遵循生态学理论的指导，经过系统的设计和规划，结合现代农业生产先进技术，最大限度地优化农业生产的每个方面和环节，全面提高农业生产的安全性，保证农业产品的质量与安全。综合性，是指高效生态农业将林业、畜牧业以及渔业等紧密结合起来，将生产与销售结合起来，将传统生产技术与先进技术结合起来，将优化环境资源利用效率与发挥人员作用结合起来。

第二节　高效生态农业的理论基础

一、系统论

根据《辞海》的解释，所谓系统，即"相同或相类的事物按一定的秩序和内部联系组合而成的整体。系统具有整体性、结构性、层次性、历史性等特征。整体性是系统最基本的特性"。古代朴素的系统思想在东西方都早有显现。老子在《道德经》中指出，"道生一，一生二，二生三，三生万物"，包含了万物之间相互联系的系统思想；战国时期的荀子曾经提出："水火有气而无生，草木有生而无知，禽兽有知而无义，人有气、有生、有知亦且有义，故最为天下贵也"，把无机界与有机界联系起来，看到了从无生命到有生命的出现是一个发展过程，是一个系统（梁爽，2014）。系统理念在古希腊哲学思想中也有所反映，古希腊朴素辩证法奠基人赫拉克利特在《论自然界》一书中就曾说过："世界是包括一切的整体。"古希腊思想家亚里士多德提出"整体大于各部分的总和"这一论点，这一思想是现代系统论的重要原理之一（陈振明，2003）。

系统思想源远流长，但作为一门科学的系统论，人们公认是美籍奥地利人、理论生物学家 L. V. 贝塔朗菲（L. Von. Bertalanffy）创立的。1972 年，贝塔朗菲发表了《一般系统论的历史和现状》。他认为，把一般系统论局限于技术方面，当作一种数学理论来看是不适宜的，因为有许多系统问题不能用现代数学概念表达。一般系统论这一术语有更广泛的内容，包括极广泛的研究领域，其中有三个主要的方面：一是关于系统的科学。又称数学系统论。这是用精确的数学语言来描述系统，研究适用于一切系统的根本学说。二是系统技术，又称系统工程。这是用系统思想和系统方法来研究工程系统、生命系统、经济系统和社会系统等复杂系统。三是系统哲学。它研究一般系统论的科学方法论的性质，并把它上升到哲学方法论的地位。一般系统论是关于任意系统研究的一般理论和方法。其主要任务是以系统为研究对象，从整体出发研究系统整体和组成系统整体各要素的相互关系，从本质上说明其结构、功能、行为和动态（何盛明，1990）。

常绍舜（2011）从对比的角度阐述了一般系统论的发展脉络：经典系统论和现代系统论是一般系统论发展的两个阶段，经典系统论研究的主要对象是系统的整体性问题，其数学工具主要是微积分，与其相关的学科也大都处在经典阶段，其适用性也有一定限制。而现代系统论则从整体与部分的关系上来说明系统，其数学工具是现代数学，并吸收了还原论的积极成果，与其相关的学科也大都发展到了现代阶段。首先，两者在研究对象上存在区别：经典系统论的研究对象主要是整体和整体性问题，现代系统论的研究对象则是系统内部整体与部分的关系问题。它把系统概念与整体概念严格区分开来，视系统为整体和部分的统一。其次，两者在数学工具应用上存在差别：经典系统论的数学工具主要是经典数学，而现代系统论的数学工具是现代数学。例如研究系统突变过程的突变论就是现代数学的重要分支，此外，如作为现代系统论数学工具的分形理论也属于现代数学的内容。最后，两者在阐述系统的发展机制时也有不同。经典系统论在阐述系统存在和生长机制时，主要采用的是分析的方法，缺少系统综合，而现代系统论则更注重对系统发展变化总体机制和规律的探讨。

在现代系统论的发展过程中，我国科学家钱学森在理论和实践上都作出了卓越贡献（于景元，2009）。例如，早在20世纪70年代末，钱学森就明确指出："我们所提倡的系统论，既不是整体论，也非还原论，而是整体论与还原论的辩证统一。”这就对现代系统论的核心内容作出了高度概括。总之，钱学森认为系统论是系统科学的哲学概括（魏宏森，2010）：一方面，系统科学的发展离不开马克思主义哲学的指导；另一方面，通过系统科学的实践经验得到的丰富素材可以给马克思主义哲学的发展作科学基础。所以它是系统科学体系中不可或缺的一个层次。如果没有系统论，那么系统科学体系就不完整。因此系统论是系统科学哲学，是系统科学通向马克思主义的桥梁。

二、农业生态学

根据 Wezel 和 Soldat（2009）的研究，农业生态学（agroecology）一词是 1928 年由俄罗斯农学家 Bensin（本森）首次提出的。同年，美国农学家 Klages（克拉格斯）提出了“农业生态学”的概念（黄国勤和 McCullough，2013）。尽管农业生态学在国际上的发展可以追溯到 20 世纪二三十年代，但是现代农业生态学的发展还是在 20 世纪 70 年代世界生态环境意识觉醒以后。1979 年美国 Cox（考克斯）和 Atkins（阿特金斯）出版的 *Agricultural Ecology: An Analysis of World Food Production Systems*，1983 年 Altieri（阿尔蒂尔瑞）出版的 *Agroecology: The Scientific Basis of Alternative Agriculture* 和 1990 年 Gliessman（格里斯曼）主编的 *Agroecology: Researching the Ecological Basis for Sustainable Agriculture* 才比较系统地提出了农业生态学面对的农业问题、学科体系和应用方向（骆世明，2013）。农业生态学作为一门新兴学科，世界各国对其有多种定义和范围界定。从本质上讲，农业生态学是学习自然界“生态智慧”，通过模拟自然生态系统“高效率”“零污染”特性，构建并优化食物生产系统结构和功能的一门学科，主要研究农业生物与其环境的相互作用关系（赵桂慎等，2021）。

骆世明（2013）通过文献综述，梳理了农业生态学作为一个学科的认识：Wezel等（2009）的分析表明，德国基本还是把农业生态学放在一个生态学分支学科的范畴看待。例如，德国哥廷根大学作物科学学院农业生态系定义："农业生态学集中研究在农业景观区和农业生态系统中的动植物群落、食物网关系和保护生物学。"Martin等（2013）在著作《农业生态学》中定义农业生态学为："研究人类为某些作物的生态所塑造的环境中生物生存条件的科学。"这不同于美国以Gliessman（2006）为代表的包括社会经济体系在内的定义，即"农业生态学是研究食物系统的生态学"。实际上，对于农业生态学学科界定的差异，丹麦农业科学研究所农业生态系的Dalgaard等（2003）在综述农业生态学的时候根据不同研究人员的研究范围，提出了农业生态学的硬件部分和软件部分。他们认为与农业生态系统的能物流、资金流有关的生态、农学与经济学结合的部分可以称为"硬农业生态学"（hard agroecology），而与人类社会及其利益管理体系有关的则可以称为"软农业生态学"（soft agroecology）。

在我国，农业生态学的课程综合性和应用性很强，农业生态学是全国涉农高校的农学、生态学、生物学、农业资源与环境、资源环境科学、农业经济管理等相关专业的专业核心课或选修课之一（章家恩、骆世明，2014）。主要内容是运用生态学的原理和方法，研究农业生态系统中生物与环境之间的相互联系、协同演变、调节控制和持续发展规律的学科（舒迎花等，2022）。总体而言，我国农业生态学研究多在农田和农田以下水平开展。对农田生态系统水平的水分平衡、养分平衡、能量平衡的研究已经从短期田间取样研究向长期定位试验站支撑的研究发展。作物间套作的养分、光照、水分、病虫关系，作物—害虫—天敌的化学相互作用，作物—土壤—微生物的复杂影响，农业生产的温室气体排放，全球变化对农业生产影响等研究方向都相当深入，并且常常触及前沿。农业生态学的社会经济研究比较弱与我国农业生态学起源于农业高校的农学学科有关。只有通过现有农业生态学家进修有关社会经济学理论与方法，或者通过与社会经济学家合作才能够弥补农业生态学在社会经济研究方面的短板（骆世明，2013）。

但也有学者认为我国农业生态经济学经历了近 40 年的发展，已经构建起相当完善的理论体系，且在农业生产、农产品经营、农业企业管理等操作层面充分渗透，但农业的生态价值缺乏实践性，目前仍以农业生态经济示范园、示范区为主阵地。我国农业生态经济学政策体系构建才刚刚起步，目前取得的成果尚不足以支持农业生态学价值的全面落地，在部分区域内的有机农业、农业旅游、农超对接等政策发挥积极作用的前提下，还要持续推动长远战略，实现以点带面（刘振剑、刘家骅，2020）。

赵桂慎等（2021）回顾了 2020 年农业生态学的重要科技进展和突破，认为可持续食物生产系统的颠覆性创新和人类健康导向的食物链管理是今后农业生态学的研究重点。国内外农业生态学领域的主要科技热点包括：农业面源污染与土壤修复、农业资源高效利用、农业生态模式构建与优化、农业景观及其生态服务功能、农业与全球气候变化。面向未来 30 年，与人工智能、大数据相融合的生态化垂直农场可能会带来一场新的"绿色革命"，全球食物可持续生产系统的颠覆性创新以及"环境—农产品—人"健康食物链供应体系研究是重中之重。今后农业生态学研究前途光明，任重而道远。

三、农业经济学

自 1770 年英国经济学家阿瑟·扬出版《农业经济论》以来，农业经济学发展已逾 250 年（张译心，2021）。农业经济学是研究农业农村经济发展规律和农民经济行为的一门学问，不同于一般的国民经济部门经济学，其与生命和农业生产、农村区域社会经济发展和农民群体发展紧密结合，涉及农林产品和服务的生产、流通、分配、交换、消费及营养健康等问题，也涉及农村区域社会经济发展、资源环境、公共治理等相关经济理论和政策问题，还包括农户农民的经济行为、发展福利与微观决策等问题。因为其同样包含了大量与"三农"有关的管理行为及决策活动，在学科门类中又经常被设置为农业经济管理学科。总体来看，该学科具有鲜明的生命特性、地域特性和经济学科特性，内涵丰富、外延广泛，应用型特征明显（李谷成，2019）。

目前，国际上农业经济学研究的主要变化趋势可归纳为以下三个方面（陈煌，2020）：一是传统农业经济学轻度缩水。传统农业经济学主要围绕土地政策、粮食安全、市场结构、技术采用、价格政策等与农业生产、销售相关的议题展开（McMillan et al.，1989；Lin，1992；Rosenzweig and Parry，1994；Huang et al.，2005；Alston et al.，2009；Wright，2014）。二是农业发展经济学稳步成长。农业发展经济学以减贫为出发点，关注农业金融市场发展、农村教育和医疗资源分配、劳动力部门间转移、女性社会角色以及农村家庭内部资源优化等与农村居民生活、农村发展相关的议题（Yao，1999；Yamano et al.，2005；Carter and Lybbert，2012；Jensen，2012）。三是农业环境和资源经济学，其研究热度升温较快（Lybbert et al.，2018）。农业资源与环境经济学追求农业的可持续发展，研究议题包括灌溉水资源的有效利用、土壤肥力保护、气候变化对农业的影响、农村环境污染治理等（Deschênes and Greenstone，2007；Pfeiffer and Lin，2014；Kube et al.，2018）。在此背景下，学界研究农业环境与资源经济学的热情持续高涨。农业经济学领域的顶级学术刊物 *American Journal of Agricultural Economics* 曾对最近 40 年本学科研究量作了统计，发现主题增加最多的是农业环境领域（Lybbert et al.，2018）

其他研究也发现，资源与环境经济政策研究是过去二三十年农业经济研究中增长最快的领域，已经成为农业经济研究的重点（仇焕广等，2018）。该领域的研究可以分为以下几个方面：（1）与农业密切相关的环境政策研究，例如气候变化、大气污染等对农业经济的影响、农业生产对生态环境的影响研究（农药、化肥、温室气体排放）、农业政策对环境的影响等（例如耕地保护政策对环境和生物多样性影响），也有一些研究分析了生物能源政策对温室气体排放、农产品供需和价格的影响等（Chen et al.，2020）。（2）一些学者对农业之外的环境问题开展研究。例如，土地利用变化、水资源利用、林业和草原发展政策对生态系统的影响。由于水、土、温室气体等与农业的关系较密切，所以这类研究还是以农业经济学者为主。资源环境政策研究对专业知识需求较高，农业经济学者也越来越多地与农学家、环境学家、地理学家开展跨学科合作研究。（3）也有一些资源环境政策研究与农业的联系不是特别密切，例如能源、水资源、交通运输等部门对温室气体减排、环境污染影响方面的研究。由于目前美国大多数农业经济与资源环境经济同属于一个院系，所以这方面的研究也基本与农业经济研究融合到一起。从研究方法来看，以计量经济模型为主的定量评估同样占据主流地位。与农业生产、市场和政策研究相比，在该领域的研究中采用结构方程模型开展的研究相对较多。例如，生物能源政策影响的研究大量采用动态优化模型开展理论分析和定量模拟（Goodstein et al., 2017）。

在国内方面，毛迎春和黄祖辉（2006）分析了中国农业经济与管理学科的发展及其与国际的差距，提出我国应加强对农业经济理论和方法的研究、对农业经济与管理微观问题的研究，加强涉农企业高级管理人才的培养以及拓展农业经济与管理学科研究领域等。陈秋红和朱侃（2019）参考ESI学科评估的方法，通过网络爬虫技术抓取了改革开放以来CNKI期刊全文数据库农业经济学前1%的高被引论文作为研究样本，基于其关键词大数据，借助文献计量分析工具Citespace探究了过去40年国内农业经济研究的热点主题和研究前沿。研究表明，改革开放以来，中国农业经济研究主题不断拓展，研究方法更加多元。中国农业经济学论文的规范性不断提高，研究内容在聚焦的基础上又涉猎广泛。相关研究的热点主题包括"工业化、城镇化、农业现代化""土地利用与管理""农业组织与经营"以及"农村贫困与反贫困"。这4个热点主题下又涵盖多个小研究主题，各热点主题和各小主题之间相互联系，错综复杂地交织在一起，构成了改革开放以来农业经济研究的重要内容。农业经济研究的潜在热点包括城乡融合发展、土地产权制度的创新与改革、"互联网＋"现代农业、农村信息化与智慧农村、新贫困标准的确定、城乡统筹的贫困治理体系以及相关社会保障体系建设等。从主要研究方法的演进看，呈现从以定性分析为主到以定量分析为主的特征，回归模型、CLUES模型、数据包络分析模型、随机前沿生产模型、VAR模型、空间计量经济模型、耦合协调度模型、模糊综合评价模型的应用尤为广泛。

从更长时间维度来看，张俊飚和颜廷武（2019）研究发现，新中国成立 70 年来，我国农业农村经济建设与发展取得了令人瞩目的成就，这与我国农业经济管理学科建设工作成效密不可分。农业经济管理学科伴随改革开放开启了新的篇章，逐步形成了农业经济理论与政策、农业资源与环境经济、农村与区域发展、食物经济管理等成熟研究领域，研究范式上与西方农业经济学学科逐步接轨，研究体系日趋完善，并在农业区域布局区划、农业体制机制改革、农业农村政策创设等方面发挥了重要的理论支撑与实践引领作用。展望未来，农地制度安排、资源与环境经济、食品营养、消费与安全、农业科技推广、农村金融供给等问题研究，将是我国农业经济管理学科发展前沿的重点方向。

第三节　国外高效生态农业发展实践与启示

一、美国：精准农业

李伟娜和张爱国（2013）将美国发展生态农业的成功经验概括为三条：一是完善的法律体系。美国的生态农业发展有一套较完善的法律、法规体系作为保障。早在 1990 年，美国颁布的《污染预防法》就对生态农业作出明确规定，经国会通过的《美国的 1990 年农业法》，通过立法形式选择研究和教育途径来建立一种可持续的、有利可图的与保护资源的农业生产体系。二是有力的财政扶持。从 20 世纪 90 年代起美国开始农业"绿色补贴"的试点，设置一些强制性的条件，并根据农民的环保实施质量，政府决定是否补贴以及补贴额度，对表现出色的农民除提供"绿色补贴"外还暂行减免农业所得税。美国政府每年还向农场主提供数亿美元的资助，协助发展农业灌溉。三是雄厚的科技实力。20世纪90年代中期，精准农业在美国的发展相当迅速。1990年后，农业试验研究部门已研究开发出利用3S技术的精准农业机械，其上装有计算机控制系统、产量监控器、激光测定技术等先进技术设备，并在明尼苏达州农场进行了精确农业技术试验，用全球定位系统（GPS）指导施肥的作物产量比传统平衡施肥作物产量提高30%左右。试验成功后，小麦、玉米、大豆等作物的生产管理都开始应用精确农业技术。由于美国的农业信息化程度较高，生态农业技术推广、农业检测等领域进展很快。

可见，精准农业是美国发展高效生态农业的重要标志。与传统农业的粗放式管理相比，精准农业作为现代农业的一种生产形式，更强调高新技术与农业生产结合，更加注重利用GPS、遥感技术和计算机技术，更加追求投入"精细"、管理"精准"、产出"精确"，促进农业发展稳定可控（张辉等，2018）。张宇泉等（2020）总结了美国精准农业技术推广经验，认为美国经验显示，无论是农户自身的环境保护意识，还是政府支持的环境项目，都有助于提升精准农业的普及程度。另外，个体农场经营者自身的信息技术知识水平、对政府成本分担政策的了解，以及作物产出空间变异幅度等生产客观条件等都会影响精准农业技术的采纳及采纳程度。姜靖和刘永功（2018）将美国精准农业发展经验归纳为三点：市场化运作推动了智能农机设备的研发；惠农政策促进了精准作业装备的应用推广；发达的农业技术研发和推广服务体系，为精准作业技术的推广采纳提供了全方位链条式服务。

支撑美国发展生态农业和精准农业的重要力量是数字化。彭海容（2016）提出，年销售额25万美元以上的美国农场，有70%以上在农场业务中使用互联网，更小的农场则有 41% 使用互联网，美国七成农场"触网"。2011 年，成立于美国硅谷的"农场逻各斯"（FarmLogs）公司，是一家提供农业云服务的初创公司。该公司的业务是让农民通过互联网和手机移动应用平台，把耕作方面的数据上传到平台上，公司拿到数据后进行分析，为农作物轮作提供智能预测和优化。农户们可以通过"农场逻各斯"的服务了解农产品价格、耕作开支、利润预测和天气等。此外，美国农业机械公司 Blue River Technology 开发的 See & Spray 机器人，原理是在农田喷洒设备上安装摄像头，利用现在人们熟知的"图像识别技术"，实时获取现场画面，通过人工智能深度学习，判断面前的是农作物还是杂草，如果是杂草就定点小范围喷洒除草剂，同时还可以给那些生长比较缓慢的农作物及时补充化肥。Blue River Technology 的机器人将减少农作物上 80% 的化学品使用量，除草剂的支出减少 90%，为农民创造了巨大的利润空间（车品觉，2017；李天华，陈宏毅，2020）。

二、德国：生态农业

德国是最早推广生态农业的国家之一（王彦敏，2018）。在 20 世纪 20 年代，德国就提出了生态农业的概念，目前已发展成为欧洲最大、世界第二大生态产品市场。2017 年德国生态农业用地面积增加至 137.32 万公顷，占农业用地总面积的 8.2%；生态农场 29395 个，占农业企业总数的 11%。德国发展生态农业的主要经验如下。

第一，完善的立法保障。纵观全世界的生态农业立法发展过程，德国是世界上对生态农业立法和推进较早的国家。德国在法治方面，对生态农业产品的质量进行了严格规定，为德国的生态农业建设提供了一定的法律保障和建设指导（蔺全录等，2016；刘玉洁，2018）。为严格控制农产品生产种植过程中化肥的施用剂量，德国先后颁布了《适当的农业活动准则》《施肥令》《肥料使用法》；2001年颁布的《生态标识法》为生态农产品标注商标，使生产者和消费者的利益都得到了保障；2003年颁布了《生态农业法》，通过此法约束生态农业企业的经营活动，规范和引导生态农业的发展；为保护农业用地，颁布了《土地资源保护法》；为保护水资源和动植物，颁布了《水资源保护条例》《物种保护法》《植物保护法》《自然资源保护法》；为规范化肥的生产、销售与使用，以及农业生产废弃物的处理与排放，颁布了《肥料使用法》和《垃圾处理法》（田甜，2021）。

第二，健全的农业生态补偿政策。德国非常重视保护农业生态环境。在发展农业经济的过程中，除了制定相关法律法规对其加以规范，还特别制定并实施了生态补偿政策（王有强、董红，2016）：对采取有利于生态环境保护生产方式的农户或者其他为环境保护作出特别牺牲的相关主体给予一定的经济或者政策补偿，以协调农业生产、经济发展与环境之间的关系，促进生态环境的改善。在补偿方式上，德国的农业生态补偿实行政府补偿为主、市场补偿为辅的复合型补偿机制。这种补偿机制克服了单一补偿机制的缺点，实现了政府补偿和市场补偿两种机制在功能上的互补。补偿的具体形式有财政转移支付、限额交易、直接支付和直接交易等（孙宝鼎、刘佳，2013）。德国农业生态补偿政策的实施，取得了明显的成效：通过实施农业生态补偿政策，人们的环境保护意识明显增强，农业生态环境明显改善。

第三，农协为农民服务。梁军锁（2018）指出，1948年，为保障德国农民权益、便利对外联络协调，德国农民协会应运而生。全德近 40 万名农民中，90% 都是德国农民协会的注册会员。不同于德国社会保险的强制性，他们都是自愿加入，农民们通过各个地区性的农民协会注册入会。全德范围内，18 个联邦州有超过 300 个德国农民协会的分支机构。协会新闻发言人米歇埃尔·洛泽说，德国农民协会主要负责维护农民的利益，为农民当法律顾问，为农民提供技术服务和开拓市场等。该协会重视农业产业的整体利益和农民的政治、社会权益，适时将会员的具体意见反映至立法及行政机关，在政府与农业企业和农户之间扮演协调、沟通的角色。

　　艾策尔农场位于德国黑森州维尔海姆乡下，距法兰克福约 30 分钟车程。这个农场以"艾策尔"家族命名，已有 200 多年历史。作为德国"生态农业"理念最早的践行者，农场早在 20 世纪 80 年代末就已声名远扬，如今每年都要接待几十个国家的代表团参观学习，可算是德国的"明星"农场。从规模上看，艾策尔农场共有土地 250 公顷，是德国较为常见的中型农场。大约 170 公顷土地用来种植农作物，70 公顷为草地和森林。另外，农场还饲养了 50 头奶牛、50 只鸡、2 匹马以及上千头猪。为扩大利润空间，艾策尔家在法兰克福邻近的几个城市开设了 3 家生态食品超市，店中出售自家出产及代销的生态猪肉、牛奶、鸡蛋、粮食加工品等。艾策尔农场的猪舍的生态之处在于其与整个农场形成的生态循环圈。每年农场都会用 40 公顷土地种植豆类植物，为猪提供优质蛋白饲料。豆类植物有天然固氮功能，因此不需要任何人工肥料，是纯天然的猪饲料。另外，猪的粪便也被保罗设计的机械驱动的清理系统汇聚到一个 1000 立方米容量的粪池中，而这可以作为农场其他农作物的天然肥料（文史哲，2014）。

三、日本：环境保全型农业

二战后的日本民生凋敝，粮食供给面临严重危机。为了迅速增加粮食产量以稳定社会发展，日本农户开始大量使用化肥和农药以提高农业生产效率。其结果是粮食产量增加的同时却污染了农村生态环境，使日本农业的可持续发展面临严峻挑战。为此，一方面综合考虑国际上对环境保护的重视，另一方面充分结合日本国内对农业公害事件的反思和消费者为追求食品安全而发起的社会运动，日本政府开始做出调整，颁布一系列的农业政策以及应对措施，而环境保全型农业也就此应运而生（周佳、马健，2022）。1992年，日本农林水产省在其发布的《新的食物·农业·农村政策方向》中，首次提出了要大力发展"环境保全型农业"的新思维，其主要目的是恢复农业的多样化功能，实现农业的可持续发展。日本农林水产省将环境保全型农业定义为：充分发挥农业自身所具有的物质循环机能，不断与生产力相协调的同时，减少对化学肥料、农药的使用，致力于减轻环境负荷的可持续性农业（周佳、马健，2022）。

马健和韩星焕（2017）将日本推进环境保全型农业的主要举措总结如下：一是以组织机构创新推进农业发展新思维落地。1992年，日本农林水产省把先前设立的"有机农业对策室"改称为"环境保全型农业推进对策室"，负责制定包括有机农业在内的环境保全型农业的整体发展规划，发布环境保全型农业的发展报告，协调全国各地有序地开展环境保全型农业，并在1994年把对策室提升为对策本部，开始在全国范围内大力推广环境保全型农业。二是依法推进环境保全型农业。从1992年到2015年，日本农林水产省以及厚生劳动省先后颁布了7项新法，同时修改了3项法律。通过一系列法律与法规把"环境保护＋农业生产"结合在一起，为环境保全型农业的健康发展奠定了坚实的法律基础。三是确立环境保全型农业生产技术。逐渐形成了土壤复壮技术、化肥减量技术和农药减量技术三大技术体系（焦必方、孙彬彬，2009）。这些生产技术都强调尊重大自然，遵循合理的法则，规范地摄取人类所需，珍视土壤所具有的生命力，使其发挥更大的功能。此外，还注重明确环境保全型农业的类型和"产、官、学、消"四位一体协同推进。

　　长野县是日本境内较早关注并实施环境保全型农业生产方式的地域。黄令珑（2021）介绍了长野县的环境保全型农业现状及发展举措：一是开发和推广环境保全型农业相关技术。长野县农政部农技科设置农业关系试验场，在试验场进行例如使用 LED"防蛾灯"防治虫害试验，利用天敌生物的防虫实验及利用暖化再现设施进行影响评价试验等，力争开发出降低成本、省能源、环保农业生产、应对全球变暖等技术。二是扩大地区范围内的环境保全型农业规模。为持续开展农业生产的改善活动，提高产地农产品的信赖度，设置了长野县良好农业规范和长野县 GAP 标准，确定了生产技术规范，使得农民可以有的放矢。近年来，长野县农政部通过开展宣传说明会等形式推进 GAP 认证。2018 年，该县已拥有 28 例国际水准 GAP 认证。三是培养农业人才及健全各司其职的农政部门组织。截至2020年4月，长野县农政部共有 862 名在岗人员，设有农业振兴科、农业政治科、园艺畜牧科等几大部门。长野县农政部与日本农协等多部门联合，通过让农业经营者在县农业大学学习及设立研修等制度，培养中坚骨干。四是培养环境保全型农业的消费者和扩大流通。设立长野县有机农业推进平台，以此作为媒介让居民交换和共享信息。此外，接受学生与城市居民来农村生产

现场观摩见学，将农产品情况亲手"摆"在他们面前。

四、韩国：亲环境农业

韩国农业资源并不丰富，是世界上人均耕地面积最少的国家之一。据该国统计厅统计，2016 年韩国耕地面积 1667 千公顷，占国土面积的 16.9%，比 1990 年减少 28%。韩国农民户均耕地面积 1.56 公顷，约为 23 亩，基本上属于小农经济。截至 2017 年年底，韩国有农户 104.2 万户，占全国家庭总户数 5.3%，每户人口平均 2.3 人，农业人口 242 万人，占总人口比重为 4.7%，其中 65 岁以上人口比重高达 42.5%，老龄化十分严重。2017 年，韩国农林牧渔业占韩国 GDP 的比重仅为 2.3%（贾乐、王伯文，2020；乌裕尔，2007）。在农业生产发展的过程中，韩国较早认识到现代农业在给人们带来高效的劳动生产率和丰富的物质产品的同时，也造成了生态危机（金钟范，2005）。

为了应对生态危机，减少农业生产所带来的环境污染，韩国政府于 1997 年颁布了《环境农业培育法》，又将 1998 年定为"亲环境农业元年"并发表了元年宣言《亲环境农业培育政府》。2001 年，韩国政府出台了《亲环境农业培育法》，对亲环境农业的内涵和未来发展进行了界定和规划，明确了政府、民间团体和农民各自应履行的责任，为亲环境农业的发展奠定了法律基础（夏海龙等，2014）。韩国促进亲环境农业发展的主要举措有：

第一，加大生产环节补助力度，政府引导销路（陆明红等，2020）。一是种植生产补贴高。全罗南道有 43256 公顷农作物是亲环境生产，占整个韩国亲环境农业的 55%，具有一定代表性。农民每种植 1 公顷水稻，国家财政就会补贴 120 万韩元，相当于 7200 元。二是生产资料补贴多。如国家给企业一定补贴，企业将秧苗以低于成本的价格卖给农户；生产过程中用到的农机具也由国家单位以远低于成本的价格租给农户，并免费培训。三是农产品收益高。为支持亲环境农业生产，《亲环境农业培育法》中规定，国家机构和团体需优先购买亲环境农产品。以大米为例，亲环境生产的大米比普通大米贵 60%，但韩国民众大多仍愿意购买亲环境大米。

第二，农协对发展亲环境农业具有重要促进作用（夏海龙等，2014）。韩国农协建立于 1961 年，其宗旨为"通过提高农业劳动生产力和通过农业人的独立的合作组织，提高农业人的经济社会地位，确保国家经济的均衡发展"。韩国农协对亲环境农业发展的促进主要体现在三个方面：一是直接支持。政府承担主要经费，提供资金、技术、咨询等支持，这些经费的下达主要通过农协来实现。农协还负责提供种子等生产资料、支援播种、运营示范场等直接支持。二是金融支持。韩国农协拥有雄厚的经济实力，有能力利用自己的银行部门支持农民发展和壮大亲环境农业，并向亲环境农业实施者提供优惠的贷款和相关金融支持。三是流通支持和销路保障。韩国农协拥有遍布全国的农产品流通设施和批发市场，为拓展亲环境农业产品的市场提供了销路保障。

第三，不断完善农业科技创新体系（周娜等，2021）。一是管理部门简化行政管理，重视农业科技创新项目的过程监管和信息服务。韩国政府建立了公共信息平台，并公开各种科学数据统计信息，为各创新主体的交流和合作提供便利条件，减少交易成本和信息不对称情况的发生。二是注重国际合作，在多个国家建立"全球创新中心"平台，财政资金向农业科技国际合作倾斜，以期利用国际人才、资金和科技设施。三是农业科技创新项目与实地应用紧密联系。韩国对项目实际应用价值的重视贯穿项目立项、预算分配、项目考核等方面。四是重视农业科技立法，行政政策和法律法规与产业发展方向相协调。五是农业科技创新投入强度高，注重基础研究和能力建设。以政府和私人投资为主，并且私人投资在企业科技创新中已形成一定规模。

第四，营造全社会亲环境氛围（徐子青，2009）。韩国政府注重思想道德教育，积极开展人性教育、人品教育、国格教育，对学生从小就灌输忧患意识，强调国土狭小，资源贫乏，唯有努力工作，提高产品质量，参与国际竞争才能立国生存。倡导农业与环境协调、可持续发展，借助媒体渠道积极宣传"农业是生命，农村是未来"的发展观，鼓励国民购买亲环境农产品，增强亲环境农业的发展潜力。开展举办各类农产品展示会和传统文化、民俗活动及城乡交流活动等，形成全社会支持亲环境农业发展的共识和氛围。

第二章

浙江高效生态农业发展与数字化改革

第一节　浙江高效生态农业的发展历程

不同国家和地区的农业现代化发展既有共同特征和规律，也有其各自不同的表现形式、发展模式和实现途径，这种差异性和特殊性是由不同社会经济制度、经济社会发展阶段、农业资源禀赋状况和政府农业发展目标、发展战略与政策导向所决定的。发展高效生态农业，是习近平同志在 21 世纪初农业全面进入"以工促农、以城带乡"新阶段，针对农业资源短缺，立足浙江特色优势，为引领浙江农业快速健康发展、确立新时期竞争新优势而作出的战略选择（程渭山，2005），是浙江农业现代化发展的实践模式。自 2005 年发展高效生态农业的战略决策提出以来，浙江先后通过发展生态循环农业、推进农业绿色发展、实施"肥药两制"（化肥与农药实名制购买、定额制施用）改革等不同路径进行探索，并在三个阶段都取得了一定突破，它们是浙江高效生态农业发展之路的不同实践形式。

一、生态循环农业阶段

（一）发展理念

生态循环农业是运用可持续发展理念、循环经济理论和生态工程学方法，以农业生态环境保护为核心，综合生态农业和循环农业的优势特征，建立农业资源利用、农业经济增长与生态环境质量改善的动态均衡机制，达到降低资源消耗、物质循环利用、减少环境污染的目的，是实现经济、社会、生态效益有机统一的现代农业发展方式（郑水明，2011）。生态循环农业是对传统自然生态农业的传承和创新，循环重点是促进农业内部的物质和能量的再生利用。生态侧重于优化农业与自然及社会的外部关系，现代则体现为用现代的理念、现代的技术装备和现代的生产组织方式，推动农业的生态化改造和可持续发展。生态循环是现代农业的重要特征，发展现代生态循环农业，是农业转方式、绿色化的实现路径和重要内容，核心要义在于全面构建农业面源污染治理体系、农业绿色化发展产业体系和农业可持续发展制度体系。

（二）推进过程

2010年6月，浙江省人民政府办公厅印发《浙江省发展生态循环农业行动方案》，组织实施"2115"示范创建工程。2011年，浙江省发展生态循环农业行动方案及"十二五"规划编制发布。2014年，农业部批复浙江成为全国唯一的现代生态循环农业试点省。浙江通过"主体小循环、园区中循环、县域大循环"模式，基本实现"一控二减三基本"（即农业用水总量控制，化肥、农药施用总量减少，畜禽养殖粪便与死亡动物、农作物秸秆、农业投入品废弃物基本实现资源化利用或无害化处理）的目标任务，农业面源污染治理取得显著成效。浙江省先后在湖州、衢州、丽水三个地级市及41个县全面制定实施方案，建设绿色发展先行区，开展区域占浙江省总面积的43.6%，建成现代生态循环农业示范区100个、示范主体1000个、生态牧场近10000个，形成了一批富有浙江特点的生态循环农业技术模式和成功做法，有力推动了高效生态农业的持续健康发展，也为生态循环农业的全面推进奠定了良好的基础（崔艺凡等，2016）。

二、农业绿色发展阶段

（一）发展理念

农业绿色发展是以人与自然和谐共生为统领，以资源环境承载力为基准，构建新型布局体系、生产体系、生态体系和生活体系，转变发展模式，积极推动形成资源节约保育、生态环境安全、绿色产品供给和生活富裕美好的农业农村高质量持续发展新格局（尹昌斌等，2021）。推进农业绿色发展，是贯彻新发展理念、推进农业供给侧结构性改革的必然要求，是加快农业现代化、促进农业可持续发展的重大举措，是守住绿水青山、建设美丽中国的时代担当，对保障国家粮食安全、资源安全和生态安全，维系当代人福祉和保障子孙后代永续发展具有重大意义。相对于生态循环农业发展，农业绿色发展的定位更高，主要体现在以下三个方面：一是跳出生产环节，更关注产业全链，比如产业平台建设、农业主体培育、农业品牌建设；二是支撑更足，更注重体制机制建设，把生产经营模式上升到常态化、长效化的制度机制；三是治理更全，在农业面源污染治理上，从养殖业转向种植业和投入品。

（二）推进过程

2017 年，中共中央办公厅、国务院办公厅印发了《关于创新体制机制推进农业绿色发展的意见》，正式将农业绿色发展作为加快农业现代化、促进农业可持续发展的重大举措。同年 12 月，浙江省被农业部确定为第一批国家农业可持续发展试验示范区暨农业绿色发展试点先行区，以产业、资源、产品、乡村、制度和增收"六个绿色"目标为更高标准定位，通过重点推进"三调三治理"，即推进产业结构、生产方式、经营机制三大"调整"和养殖业污染、农业投入品、田园环境三大"治理"，深入推进全省农业绿色发展。2018 年 7 月，浙江省为全面推进国家农业绿色发展试点先行区（国家农业可持续发展试验示范区）创建，高水平实现农业绿色发展，促进乡村振兴战略实施，制定《浙江省农业绿色发展试点先行区三年行动计划（2018—2020 年）》，从产业、资源、产品、乡村、制度和增收六个方面实现"全面绿色"，构建生产基础、质量管理、控源治污、循环利用、技术装备和人文支撑"六大体系"。9 月，根据中央文件精神，浙江又结合本省实际，发布了《关于再创体制机制新优势高水平推进农业绿色发展的实施意见》，目标是以绿色生态为导向，建立健全正向激励、反向约束的农业绿色发展制度体系，基本形成与资源环境承载力相匹配、与生产生活生态相协调的农业发展新格局，实现农业产业更加兴旺、农民生活更加富裕、乡村生态更加宜居。

三、"肥药两制"改革阶段

（一）发展理念

深入推进农业绿色发展，实现农业产业提质增效、资源高效利用、环境有效保护、农民增收致富等多重目标，必须处理好肥药持续减量与地力产量提升之间的关系。其根本出路在于转变和升级现有的农业生产方式。浙江省从农业生产源头入手，创新提出"肥药两制"改革，它以"高效生态"为引领，从农业生产源头投入这个小切口入手，来牵引撬动整个农业发展转型升级。具体来讲，就是通过加强技术体系、标准体系、产业体系、经营体系、政策体系、数字体系等要素体系建设，在肥药"进销用回"闭环、农产品质量安全追溯、农产品产销对接等方面实现系统性的变革重塑，不断巩固和强化农资经营主体、农业生产主体、农技服务主体、采购销售主体、农废回收主体等利益相关者参与农业绿色发展的内生动力，全面推进投入减量化、资源高效化、环境生态化、产品优质化，最终实现农业绿色高质量发展。"肥药两制"改革本质上是政府对农业发展外部性的干预，实现了过去对农药化肥"零增长"式总量控制到"靶向式"作物定额控制的转变，体现了政府部门对农业肥药治理方式由粗放式向精细治理转变，同时也是推进农产品质量安全治理由末端治理向源头治理转变的体现。

（二）推进过程

根据对化肥、农药施用的规范程度，"肥药两制"改革先后经历了三个发展阶段。

1. "单实名、单定额"阶段

2019 年初，浙江省农业农村厅联合相关部门先后印发《关于开展农药实名制改革试点工作的指导意见》和《关于试行农业投入化肥定额制工作的意见》，启动了以"农药实名制购买、化肥定额制施用"为主要实施内容的"肥药两制"改革，前者主要为实现农药源头追溯查询，推进高毒农药退市和定点购买，防范限用农药超范围施用；后者根据农作物的品种、种植环境等，合理确定化肥最高限量，并通过有机肥替代等方式减少化肥施用。这一举措得到了浙江省委、省政府的高度认可，省农业农村厅又联合相关厅局先后出台了配套政策以及 17 种主要农作物化肥定额限量标准，全省 44 个县（市、区）相继出台了化肥定额制实施方案和配套政策，通过在农资监管领域应用"刷脸""刷卡""扫码"等技术，构建农资监管"进—销—用—回"信息闭环，实现数据对接、源头追溯，不断提升农业生产全程监管能力。

2. "双实名、双定额"阶段

2020 年 3 月，浙江省提出要进一步深化"肥药两制"改革，将其作为切入口和主抓手，来撬动全省农业绿色发展。随即，浙江省农业农村厅成立了"肥药两制"改革领导小组，并将"肥药两制"改革作为新时代浙江"三农""369"行动中的一项内容，向全省农业农村系统进行全面部署。10 月，浙江省人民政府办公厅出台了《关于推行化肥农药实名制购买定额制施用的实施意见》（浙政办发〔2020〕52 号），要求通过实施"肥药两制"改革，全程科学管控和使用农业投入品，运用现代生态农业技术，引领撬动农业支撑体系集成创新，打造国家农业绿色发展试点先行区。这标志着"肥药两制"改革思路已从"农药实名制、化肥定额制"改革升级为推行化肥、农药"双实名、双定额"改革，同时对"肥药"的内涵也作了延伸拓展，不仅仅局限于化肥和农药，而是包含兽药、饲料等在内的所有农业投入品。

此时，"肥药两制"改革作为一个特定词汇，开始有了升华和泛化，即从具象化的一项工作举措上升为一种指导思想、改革思路，也就是通过对原有的农业生产方式和治理体系的系统重塑、体系变革和流程再造，推动农业绿色高质量发展。

3. 数字化、全链条推进阶段

浙江省农业农村厅牵头启动开发"肥药两制"改革数字化载体。通过数字化手段，不断提升"肥药两制"改革和农业绿色发展整体智治水平。

第二节 成效与挑战

浙江省先后荣获现代生态循环农业试点省、畜牧业绿色发展示范省、海洋渔业可持续发展试点省、农产品质量安全示范省、农业可持续发展试验示范区暨农业绿色发展试点先行区等一批"国字号"荣誉，"肥药两制"改革的做法和经验得到农业农村部高度肯定并成功入选全国农业绿色发展报告典型案例和长江经济带生态保护亮点工作，全省农业绿色发展持续保持良好态势。

一、2003—2020 年高效生态农业发展取得的主要成效

（一）农业资源利用效率不断提升

通过发展高效生态农业，浙江对农业资源的利用逐步实现减量化和再生化。减量化主要体现在对化肥农药投入的减量增效上。通过全面构建"肥药两制"改革综合试点县、定额示范区、示范农资店、试点主体"联创联建"新格局，配套启动"肥药两制"改革综合试点项目建设，建立了省市县联

动的工作推进体系。2020 年，化肥施用量（折纯量）和农药使用量（商品量）分别为 69.61 吨和 3.66 吨，连续 7 年实现"双降"，相比 2005 年分别下降 26.2% 和 44.2%（见图 2-1 和图 2-2）。再生化主要体现在对农业废弃物的资源化利用上。近年来，浙江省积极构建主体小循环、区域中循环、县域大循环的生态循环体系。加强养殖废弃物资源化，以沼液科学施用、有机肥生产应用为重点，推进沼液科学施用技术规范标准制定，大力发展种养加结合、农牧渔对接。全省生态消纳地稳定在 1000 万亩。加强秸秆全量化综合利用，先后创建 8 个全国秸秆全量化利用试点县，示范推广农作物秸秆综合利用技术，推动肥料化、饲料化、基料化、能源化、原料化"五化"利用，调优秸秆利用结构。

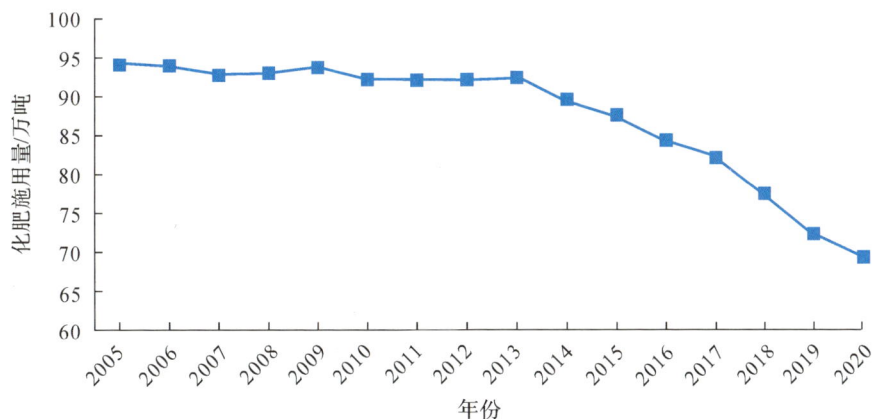

图 2-1　2005—2020 年浙江省化肥施用量

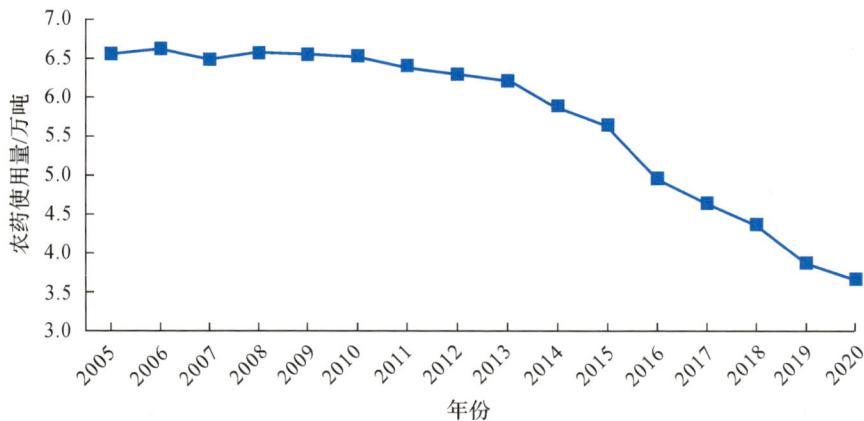

图 2-2　2005—2020 年浙江省农药使用量

（二）农产品质量安全夯实巩固

一方面，通过梳理省级农业地方标准，推动重点特色农产品标准制修订，加强标准的推广应用。"十三五"期间，推动制修订省级地方标准 149 项，涉及品种 150 余个。组织实施特色农产品风险管控"一品一策"行动，涉及草莓等重点特色产品 12 个，在 44 个主产县建立"一品一策"试验基地 148 个。在全国率先开展化肥农药定额制施用试点，目前已制定出台涵盖全省 17 种主要农作物的化肥定额施用参考指标，并配套制定化肥定额制施用技术导则。另一方面，建立集"政府监管、主体生产、消费服务"等功能于一体的农产品质量安全追溯信息化平台，积极推动食用农产品合格证制度。截至 2020 年底，全省 87 个涉农县全部纳入追溯体系，4.5 万余家规模农产品生产主体纳入主体信息库管理，2.2 万家实现二维码追溯。全省标准化生产核心示范基地 120 个，辐射带动面积 5 万余亩。

（三）农用地生态环境持续改善

一是农业生态空间布局得到优化。在关停搬迁禁限养区畜禽养殖场户

7.46 万家的基础上，全面完成新一轮畜禽禁限养区规划调整，全省禁养区面积调减 35% 以上，环境承载率控制在 40% 以内。沿海县均颁布了养殖水域滩涂规划，共清理海水超规划养殖 1.16 万公顷，核发养殖证 6.9 万公顷，发证率 100%。二是农业废弃物得到有效处置。农业废弃包装物回收范围从农药瓶、废旧农膜逐步扩展到肥料包装、防虫网等。据统计，2020 年全省农药包装废弃物回收率稳定在 90% 以上，废旧农膜回收率达 93.3%。畜禽粪污资源化利用率和无害化处理率 91%、秸秆综合利用率 96%，均高出全国平均水平 10 个百分点以上，受污染耕地安全利用率达到 92%。三是水土气一体化治理。新建规模猪场全部按照"六化"标准配套粪污处理设施，规模水产养殖场尾水治理率 98%。建设农田氮磷生态拦截沟渠总数达到 510 条，有效覆盖农田面积 36 万亩。2016 年起，进一步加大受污染耕地安全利用力度，先后组织开展土壤重金属污染治理千亩试点和受污染耕地安全利用万亩示范，2020 年起重点推进土壤环境质量类别划分和严管类耕地种植结构调整。2018 年始，着力探索臭气治理，制定出台"畜禽养殖场封闭式集粪棚建设指南"和"规模猪场综合减臭技术导则"，存栏 500 头以上规模养殖场全面建设封闭式集粪棚，敏感区域出栏 5000 头以上养殖场探索建设了 15 个臭气治理示范场。

（四）相关新业态进一步提质增效

围绕农业生态产品价值实现，着力打通"绿水青山就是金山银山"转化通道，通过推动农产品优质优价，发展休闲观光农业，高效生态农业的规模不断壮大。第一，农业绿色化、产业化水平不断提升。特色农产品优势区、粮食生产功能区、现代农业园区建设稳步推进，技术、资金、人才等要素充分集聚，成为农业绿色发展的主平台，平原、山地、沿海地区分别围绕粮油、水果、茶叶、水产等特色主导产业，因地制宜创建农业绿色发展先行示范区 1000 余个。建成单个产值 10 亿元以上的示范性农业全产业链 80 个，精品绿色农产品基地 25 个。第二，品牌农业发展势头良好。据统计，2020 年全省农产品地理标志达 115 个、绿色食品 1899 个，农产品商标注册数达 13.2 万余件，拥有省著名商标近 700 件，浙江名牌农产品 234 个。依托农博会、"浙江农业之最"擂台赛等重大活动，打响以绿色优质为特色的农业品牌战略，以"丽水山耕"为代表的一批区域公用品牌影响力不断提升。第三，农业农村新产业、新业态加速发展。立足美丽田园风光，加快休闲乡村和农家乐集聚村建设，已建成美丽休闲乡村 60 个，居全国第一。共发布浙江省"最美田园"200 个、休闲农业与乡村旅游精品线路 110 条，休闲观光农业区超 5000 个，累计培育美丽乡村夜经济特色点（村）664 个，休闲农业总产值 465 亿元。

二、"肥药两制"改革以来仍面临的问题和挑战

（一）农资供给结构与高效生态农业发展需求不相适应

"肥药两制"改革实施化肥、农药减量增效行动，重点通过推广有机肥和配方肥替代平衡肥，并开展病虫害绿色防治、统防统治。这一行动的实施需要农资企业配合政策调控，提供相对应的化肥、农药，但在实际执行过程存在诸多供需不匹配问题，例如受生产成本影响，市场供应的配方肥种类与地方主推的配方施肥方案匹配度不够；由于价格偏高等原因，生物农药、矿物农药等市场占比较小。另外，政策调控也存在不充分、不均衡现象，例如全省有机肥补贴主要落实在果菜茶种植上，难以对农资供给侧结构调整产生有效影响。

（二）高效绿色技术模式得不到有效推广和应用

"肥药两制"改革在农资投入、循环利用、农废处置、污染治理等方面均需要绿色生产技术与模式来支撑。但一方面，已有绿色生产技术存在适用性不高、应用难度大、推广程度低等问题，例如由于肥效慢、有臭味、成本高等原因，农业主体使用有机肥和沼液积极性不高；秸秆离田利用技术熟化落地的较少，长期直接还田易引发土壤质量下降、病虫害增加等问题。另一方面，生态循环种养模式多数是特定地区农业生产长期实践的产物，需要特定的生产方式、产业布局和产地环境等条件，而且对专业技术的要求较高，某一个生产环节出现问题，可能会引发一系列的连锁反应，因而在实际推广应用中具有较大的局限性。

（三）农产品质量安全监管闭环链条尚未形成

从实践来看，浙江省农产品质量安全追溯虽初见成效，但仍存在着追溯码使用率低、追溯主体量少、全程追溯率低、追溯的认知度不高、平台之间互联互通不畅等问题。一方面，缺乏部门间协作。农产品质量安全追溯体系涵盖生产、加工等多个环节，分管部门各不相同，由于侧重理念不同，尚未有效对接，无法形成全域追溯。同时，各级部门开发的追溯系统缺乏统一标准体系，也给构建农产品质量安全追溯体系带来很大困难。另一方面，产地准入市场衔接不畅，全程监管链条未形成。农产品流通销售渠道繁杂，超市、农贸市场、饭店、集市、小作坊等都有涉及。除大型超市、大型农贸市场、机关事业单位和学校食堂、大型酒店等对农产品的进货会查验相关证书，很多集市、村镇小超市、小饭店等都没有查验合格证的要求，开不开合格证都不影响市场竞争力，严重打击生产主体自行开具合格证的积极性。

（四）绿色生态产品品牌标识培育和管理方面存在不足

浙江省全面推行农产品地理标志、绿色食品、区域特色产业"一标一品一产业"融合发展模式，促进绿色优质农产品特色化发展，但其在"一标一品"业务办理流程中存在一些问题，例如在前期申报过程中，部分地区对申报要求及申报流程了解程度不够，以致本地区符合标准的农产品并未获批；在管理过程中，淡化"一标一品"与乡村优秀文化、农业遗产等的关联性，忽视了对农产品产地生产标准、肥药化肥使用情况、作物产量等所需要满足条件的监督。另外，在大数据技术应用层面，目前仅提供 PC 网站登录功能，未实现掌上终端登录功能；申报审核与认证后监管全程电子化功能欠缺，不能完全满足信息化业务需求；暂无全国性农产品地理标志用标主体信息库，地标产品异地监管有困难。

（五）农产品优质优价缺少有效的产销对接机制支持

随着经济社会的发展和购买能力的提高，广大消费者对安全、优质、健康、营养的农产品需求不断提升，但目前农产品标识化、品牌化程度低，消费者对产品是否绿色优质缺少判断依据，导致市场中表现出的有效需求不足，大众对绿色优质农产品的巨大潜在需求尚未普遍转化为实际购买行动，农产品质量提升后农产品价格上升这一经济增值途径还不顺畅。除了盒马鲜生等大型生鲜超市对农产品设置了准入门槛，在消费终端用以衡量评价农产品品质的，仅有农产品合格证，无法通过市场分层、价格调节等方式有效反映农业生产过程"肥药两制"实施情况，农业主体自觉、自发参与"肥药两制"改革积极性没有完全调动起来。

（六）已有数字化管理平台缺少整合，存在多种数据壁垒

2015 年以来，浙江省逐步建立起农资监管、农产品质量安全追溯、智

慧畜牧云等多个数字化管理平台，部分地区还在突破体制机制障碍，打通相关平台方面作出了较好的探索。但从整体上看，平台之间的整体性和系统性不足，数据对接、资源共享等体制机制及平台集成性有待突破，并且在管理主体基本信息、测算定额限量等方面的功能相对薄弱、欠缺。农药实名购买实现了全覆盖，但实名制购买登记信息录入只有部分县（市、区）实现了自动化，全域实现自动化设备安装面临资金、人才、管理等多方面的瓶颈难题。相关数据的整合与开发应用不足，耕地地力、生态环境等基础性、长期性指标的观测应用尚处于初级阶段。

第三节　数字化改革：高效生态农业发展的新机遇

2003 年 1 月，在浙江省十届人大一次会议上，时任省委书记习近平同志以极具前瞻性的战略眼光提出"数字浙江"[①]建设。同年 7 月，"数字浙江"建设上升为"八八战略"的重要内容。此后，历届省委、省政府锚定"数字浙江"建设，一以贯之抓落实。数字化改革是忠实践行"八八战略"的具体行动，是"数字浙江"建设的延续深化，是"最多跑一次"改革的迭代升级，是政府数字化转型的延伸拓展，也为破解高效生态农业发展面临的系统性问题提供了新契机。

一、从"数字浙江"建设到全面推进数字化改革

党的十六大提出了以信息化带动工业化，以工业化促进信息化，走新

---

① 干在实处　勇立潮头——习近平浙江足迹编写组 . 干在实处　勇立潮头——习近平浙江足迹 . 杭州：浙江人民出版社；北京：人民出版社，2022.

型工业化道路的发展战略。2003 年，浙江省人民政府印发《数字浙江建设规划纲要（2003—2007 年）》（浙政发〔2003〕28 号），开启了"数字浙江"建设新征程。"数字浙江"是全面推进浙江省国民经济和社会信息化，实现以信息化带动工业化的基础工程。推进"数字浙江"建设，是以信息化带动与提升浙江工业现代化为核心，网络系统和数据库建设为基础，应用系统建设为重点，数字城市建设为支撑，通过对信息资源的全面整合、开发和利用，发挥信息技术在现代化建设中的推动作用，实现社会生产力的跨越式发展（程晟等，2022）。

2014 年，浙江推出"四张清单一张网"，率先建成省、市、县、乡、村五级全覆盖的一体化政务服务网，在全国范围内率先上线浙江政务服务网，有力推动了浙江服务型政府、透明政府、法治政府建设。通过浙江政务服务网这"一张网"把政府权力清单、政府责任清单、企业投资项目负面清单、政府部门专项资金管理清单"晒"出来，接受社会监督，倒逼政府加快自身改革，力求"审批事项最少、办事效率最高、投资环境最优"。

2016 年，浙江省委经济工作会议首次公开提出"最多跑一次"改革。在深化"放管服"改革的过程中，浙江率先全面推进"最多跑一次"改革，以处置压力构建最强倒逼机制，确立最直观的改革评判标准，将政府效能改革推向极限值。第一，以人民为中心的价值导向。传统政府部门以行政职能划分为基础，政务办理在几个部门之间分解，信息不互通，环节不连贯，政务事项办理复杂分散。以群众眼中的"一件事"为标准，突破部门界限，"一窗办理""一站受理"的模式以结果为导向，超越了以政府为中心的简政放权，把市民、企业的办事体验作为评判标准，通过赋权市民和企业，为整体性政府改革创造了条件。借助大数据技术分析过往事项中办理频率高、办件量大、群众需求大的几大类，确定政府改革中具体事项的优先级。建立办理事项监测机制，及时调整窗口设置。基于云数据的计算和分析，精简政务服务事项办事流程。第二，全科受理的流程再造。在传统政务事项办理中，由于"条块分割"、办事顺序等问题，政务业务办理时间长、流程繁。在"互联网＋政务"的推动下，网上"并联审批"成为可能，"一窗式"的服务流程实质是政府内部流程再造和部门之间关系的重构。通过综合考虑各个事项实际办理情况、事项间关联度、办理数量等多方面因素，在现有的政府业务流程基础上，重塑部门关系、重塑业务环节，实现党政群联动。以"关键少数"为突破口，重新设计形成新的综合业务流程，从而减少"审批接触"。第三，数据共享的开发应用。以浙江政务服务网为主平台，基本实现了政务信息集中公开办理，"一网通办"。省级统一规划，结合本行政地区自身特色编制公共数据发展规划，形成上下联动、协同有效的公共数据运行和管理机制，将数据资源分类归集到各大类综合信息数据资源库中，形成公共数据资源目录，为跨部门、跨地区数据协同和综合管理提供了技术支撑。

2018 年，浙江全面推进"政府数字化转型"，规划了"四横三纵"的政府数字化转型总体框架："四横"分别是全面覆盖经济调节、市场监管、公共服务等政府职能的数字化业务应用体系，全省共建共享的应用支撑体系、数据资源体系、基础设施体系。"三纵"分别是政策制度体系、标准规范体系、组织保障体系。围绕政府治理体系和治理能力现代化这一目标，浙江省在全国率先建设了全省统一的政务云平台，将省级部门 800 多个信息系统整合到一朵云，加快打通信息孤岛；浙江建设了覆盖全省、统筹利用的公共数据平台，建成人口、法人、公共信用、电子证照、自然资源与空间地理等基础数据库，归集治理 3066 类 190 多亿条数据。在此基础上，构建业务协同、数据共享两大模型，建设一体化政务服务平台、"互联网＋监管"系统等一批重大数字化应用项目。通过业务融合、技术融合、数据融合，努力实现跨层级、跨地域、跨系统、跨部门、跨业务的协同管理和服务，推进政府决策科学化、社会治理精准化、公共服务高效化。

2020年，面对新冠疫情，浙江的"一库一图一码一指数"，让疫情防控和复工复产"两战"全胜。"一库一图一码一指数"以"五色图"科学统筹疫情防控和复工复产，以"健康码"精准保障人流物流商流畅通，以"精密智控指数"推动疫情防控在法治轨道运行。坚持人民优先、守牢底线，实行分区分级精准防控，根据疫情形势变化，调整防控的策略、方向和节奏，抓好"严管＋畅通"的关键点，实施精准、严密、智慧的点穴式管控，最大限度方便群众生活、最大限度推动企业复工、最大限度提升管控效能。"一库一图一码一指数"充分体现了浙江政府数字化转型的制度优势转化为治理效能，为科学精准打赢"两战"提供了准确识变、科学应变、主动求变的决策依据。

2021年春节后首个工作日，浙江召开全省数字化改革大会，发布《浙江省数字化改革总体方案》，就加快推进浙江数字化改革作出全面部署，提出了加快构建"1+5+2"工作体系，搭建好数字化改革的"四梁八柱"。2022年"152"体系迭代升级为"1612"体系，第一个"1"是构建一体化智能化公共数据平台，"6"是推进六大系统建设，包括党建统领整体智治系统、数字政府系统、数字经济系统、数字社会系统、数字文化系统和数字法治系统，第二个"1"是基层治理系统，"2"是推进数字化改革理论与制度规范两大体系建设。

二、浙江农业农村信息化发展基础牢固

农业农村信息化，是指农业、农民、农村的"三农"信息化，包括农业生产方面的智慧农业、农产品流通方面的电子商务和农民群众生活方面的智慧乡村。根据《全国县域农业农村信息化发展水平评价报告》，2018年以来，浙江省县域农业农村信息化水平连续三年稳居全国第一；2020年全国县域农业农村信息化发展总体水平达到37.9%，其中东部地区41.0%，中部地区40.8%，西部地区34.1%，而浙江省为66.7%，远超全国平均水平（农业农村部市场与信息化司联合农业农村部信息中心，2021）。2020年不低于全国发展总体水平的省份农业农村信息化发展总体水平如图2-3所示。

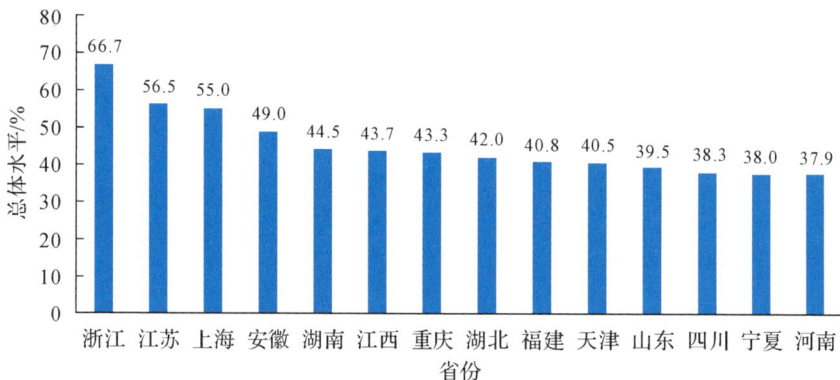

图 2-3　2020 年农业农村信息化发展总体水平不低于全国发展总体水平的省份

浙江省县域农业农村信息化水平整体较高。2020年，排名全省前十位的县（市、区）平均发展水平为81.3%，发展水平超过70%的县（市、区）17个，占比20.0%；超过60%的县（市、区）28个，占比32.9%；超过50%的县（市、区）52个，占比61.2%；超过全国水平（37.9%）的县（市、

区）81 个，占比 95.3%。另据农业农村部通报显示，桐乡市、杭州市西湖区、德清县、永康市、安吉县、嘉兴市秀洲区、慈溪市、平湖市、长兴县、湖州市南浔区、湖州市吴兴区、杭州市萧山区、海盐县、宁波市鄞州区、浦江县、建德市、三门县、温州市龙湾区、苍南县、海宁市、桐庐县、金华市金东区、杭州市临安区、嘉善县、宁波市江北区、杭州市余杭区等 26 个县（市、区）获评全国先进县，占全国 109 个先进县的 24%（浙江省农业农村厅，2021）。

发展环境方面。2020 年，浙江省农业农村信息化总投入达 378.6 亿元，其中，农业农村信息化财政总投入 109.4 亿元，同比增长 105.3%；县均 1.3 亿元（全国排名第一，全国县均 1292.3 万元），同比增长 106.3%；农业农村信息化社会资本总投入 269.2 亿元，同比增长 41.2%；县均社会资本投入 3.2 亿元（全国排名第一，全国县均 3062.3 万元），同比增长 39.1%。县级农业农村信息化管理服务机构是推进农业农村数字化的"排头兵"，主要包括承担信息化相关工作的行政科室、信息中心或信息站等事业单位。2020 年，浙江省县级农业农村信息化管理服务机构覆盖率为 96.5%（全国排名第四，全国县均覆盖率为 78.0%）。

发展基础支撑方面。2020 年，浙江省网民规模达到 5321.8 万人，互联网普及率为 82.4%（全国互联网普及率为 70.4%）。全省固定互联网宽带接入用户数 1925.7 万户，家庭宽带入户率为 91.6%（全国家庭宽带入户率为 70.3%）。其中，家庭宽带入户率达 90% 及以上的县（市、区）占比 64.7%，达 80%—90% 的县（市、区）占比 20.0%，两者总计占比 84.7%。

农业生产信息化方面。2020 年，浙江省农业生产信息化发展水平为 41.6%（全国排名第二，全国县域农业生产信息化水平为 22.5%），其中大田种植、设施栽培、畜禽养殖及水产养殖的信息化率分别为36.2%（全国排名第四）、39.5%（全国排名第三）、60.3%（全国排名第一）和43.3%（全国排名第二）。全国大田种植、设施栽培、畜禽养殖及水产养殖的信息化率分别为18.5%、23.5%、30.2%和15.7%。其中就某些浙江省具有区域优势的子项来看，稻谷和生猪信息化率分别为52.1%和65.2%，全国排名均为第二；牛信息化率31.0%，全国排名第五；虾类信息化率57.1%，全国排名第一；鱼类信息化率43.1%，全国排名第三。

农业经营信息化方面。2020年，浙江省县域农产品网络零售额为1143.5亿元，占农产品交易总额的37.5%（农产品网络零售额占比全国排名第一，全国农产品网络零售额占比为13.8%）；县域农产品质量安全追溯信息化发展水平为63.5%（全国排名第二，全国水平为22.1%）。

乡村治理信息化方面。2020年，浙江省应用信息技术实现建制村"三务"综合公开水平为99.8%（全国排名第二，全国水平为73.1%），建制村党务、政务、财务公开水平分别为99.8%，99.8%和99.7%，已基本完成全覆盖，全国水平分别为73.1%、72.8%和70.5%；完成和正在实施"雪亮工程"的建制村覆盖率为100%（全国排名第一，全国覆盖率为77.0%）；实现在线办事率90.9%（全国排名第四，全国在线办事率为66.4%）。

服务信息化方面。农村电商服务站作为县域电商公共服务中心的基础设施建设，是农业农村服务信息化延伸到基层的重要桥梁。2020年，浙江省建有电商服务站的建制村占比高达94.4%（全国排名第四，全国覆盖率为78.9%），已基本实现全覆盖。另外，还培育电子商务示范村712个，农村电商示范服务站（点）284个。

三、数字化改革带给高效生态农业发展的新机遇

（一）新思维

数字化改革不仅仅是一场技术革命，更是一场认知与思维方式的革命。毫无疑问，以互联网、云计算、大数据、物联网和人工智能为代表的数字技术已成为第四次产业革命的重要驱动因素，数字技术正向人类生活的各个领域全面推进与渗透，一切皆可数字化连接与呈现，一切皆可数字化重新定义。在此基础上，数字化改革将推动三种思维方式的转变：第一，从技术思维转向数据思维。数字化改革要解决的核心技术问题不是技术本身，而是如何连通、优化和改进党政机关内部以及其和社会各类主体之间的数据交流，推动管理效率的提升和资源要素的优化配置。第二，从线性思维转向系统思维。根据全省一体化改革思路，各部门应推进跨部门的业务协同和数据共享，并主动与业务相关单位建立紧密的纵向横向联系，积极参与整体的一体化建设。第三，从场景思维转向制度思维。数字化改革的核心是破除体制机制障碍，不是简单化、表面化的信息化建设、场景应用开发，而是以数字化驱动制度重塑，构建数字时代新型生产关系，使上层建筑适应生产力、生产关系发展。

（二）新动能

大数据推动改革工作的精准化。一方面，大数据实现了对改革工作全过程的精准把握，并预测社会经济发展的趋势，能够针对不同改革领域和问题进行情境映现和成效评估。另一方面，管理决策范式呈现出数据驱动的全景式特征，改革工作可以触达更加微观的层面，直接面向问题解决的同时，借助多维异构数据整合实现全局联动。数字化流程推动改革工作的

高效化。数字化流程从根本上改造服务方式与业务流程，并嵌入人们生产生活中，这使得政府工作可以更为直接地面向人民的现实需求。通过数据采集、共享、处理、反馈，政府和相关主体可以解析洞察社会经济需求，并通过业务协同实现服务的创新与适配，将"由内而外"的传统政府服务模式转变成"由外而内"的需求发现模式，实现改革创新。平台协同推动改革工作的系统化。数字化平台改变了传统以行政命令和责任机制为核心的运作方式，促进了内部协同和风险共担。政府角色也由以往的唯一决策主体转变为平台协同的"规划者"和"参与者"。数字化平台有助于改革工作纳入更多主体，减少过程中的冲突与矛盾，提高整体工作的系统性（刘渊，2021）。

（三）新空间

随着"数字世界"不断融入"物理世界"与"人类社会"，环境、人类与数据相互影响，数字空间已经成为物理空间与社会空间的连接载体，形成了以数据要素为核心、高度互联、去中心化的新生产关系。数字世界代表了对现实问题的改革和颠覆，使之成为改革的代名词；同时又是现实世界所存在问题的映射。数字世界不同于现实世界，在于它不局限于特定时间与空间，因此扩展了其可能存在的负面影响的范围与持续时间。数字领域的组织边界日益模糊，需要治理和服务的对象不再是简单的公民个人和企业组织，而是庞大的具有多种角色属性的用户群体。这使得改革工作面临碎片化的挑战。问题的碎片化会进一步要求改革工作方式的重构。不同于传统现实领域改革的一步到位，数字领域的改革往往是试错性的和进化式的。在保证决策稳定的前提下，改革工作需要随着需求的变化而推进深化。

（四）新价值

数字技术使得公民、企业、政府等不同主体打破传统边界，在广泛互联的基础上不断共享创新，促成了主体之间前所未有的连接能力，形成了全新的生产和生活关系。数字化改革的价值内容更关注多元主体带来的外部效益，这些外部效益会影响不同主体，不仅涉及服务提供者与服务对象之间的关系，也涉及政府与社会主体之间的关系，从而通过多元主体之间的协同交互来对各个服务场景进行治理，共同创造社会价值。政府角色从传统的单一供给模式中的"全能者"，变革为多元主体协同模式下的"统筹规划者"，通过政府与社会接口的定义来界定各个主体的权责，也通过接口的数据交换来协同各个主体在场景中的行为。主体之间的相互依赖性日益增强，逐渐形成"社会化生产"的生产服务方式，激发社会多元主体共同参与公共服务的供给，提高了政府服务的灵活性和专业性。改革的价值不再围绕单方面的效果，而是通过数据来监督、协同各供需主体实现整体满意，在评价上可以更侧重社会资源的有效配置、省域治理的系统性，以及整体社会经济运行效率的提升。

（五）新业态

数字化改革推动传统行业的改造和革新，带动传统产业的"转型"——生产组织模式的转变、新价值的创造。在传统的产业划分中，数字经济可以同时帮助一产、二产、三产实现生产方式变革。而在种植业、畜牧业、渔业领域，以数据信息为基础的新型智能农业、畜牧业、渔业正在兴起，不仅改变了传统的落后耕作和养殖方式，还极大地降低了成本、提高了生产效率。在这一转型过程中，数据作为一种新型生产要素，是将现有生产要素进一步联系起来的桥梁型生产要素，当数据与生产资料分离时，它们只是可能的生产要素；要成为现实生产要素，数据必须与劳动、技术和管理等相结合，发挥其边际收益递增的功能；数据成为新生产要素并非只是生产要素种类或数量的增加，更是促进现有生产要素之间形成更密切的交互关系，进而形成推动产业转型升级的动力。数据重构农业要素配置效率使得农业生产越来越依赖大数据决策，具备农业大数据技术与分析技术的企业将成为农业数字化专业服务商，农业生产经验、知识和决策体系将可以成为一种可复制、可输出的数字化产品和服务，一系列新的业态随之出现。

第四节　"浙农优品"推动高效生态农业集成改革

一、集成改革：数字化改革的本质属性与基本路径

数字化改革本质上是用数据流提升决策流、业务流、管理流，是推动各领域流程再造、制度重构、整体优化的过程，蕴含"集成改革"的本质属性与基本路径。集成改革是基于"综合集成"的思维方法，对经济社会巨系统实施的整体性变革重塑。"综合集成"的主要思想是以人类积累的全部知识为基础，综合运用整个现代科学知识体系，进行多跨度的集成，通过解决经济社会发展中的复杂问题，对复杂社会巨系统的认识实现从定性到定性与定量的结合转变，从宏观到中观和微观的结合转变，对经济社会发展问题的把握从不确定到确定转变，进而产生新知识、发现新规律、获得新知识、提升新能力。在"综合集成"的思维方法之下，可以从以下四个方面来认识数字化改革的集成属性和路径特征（陈畴镛，2022）。

（一）以整体性特点把握数字化改革的全方位、全局性

整体性是系统工程最基本的特点，系统工程把所研究的对象看成一个

整体系统，这个整体系统又是由若干要素与子系统有机结合而成的。数字化改革是党的领导、政府治理、经济发展、社会建设、文化建设和法治建设的整体性变革，以"三融五跨"为推进路径，通过建立数字化改革重大应用"一本账"，实行清单式管理，从整体与部分之间相互依赖、相互制约的关系中去揭示系统的特征和规律，从整体最优化出发去实现系统各组成部分的有效运转。"三融五跨"要求改变条块分割、各自为政的数据传递、决策执行模式，推动数据全量化的融合、开放、共享和条块业务大跨度、大范围的协同整合。因此，数字化改革具有极强的引领性、整体性和系统集成性，是引领发展格局、治理模式和生活方式变革的关键变量，具有一子落而满盘活、牵一发而动全身的撬动效应和放大效应。

（二）以关联性特点把握数字化改革的体系化规范化推进

关联性是指系统单元的相互作用及其同整体的联系，充分协调部分与部分之间、部分与整体之间的相互关系可以提高整体系统的功能。数字化改革的基本方法是集成构建解决问题的多跨协同模式、实现解决方案的量化闭环，以"场景化""一件事"为抓手，通过跨层级、跨地域、跨系统、跨部门、跨业务的协同管理和服务去分析、判断、决策。而"V"字模型[①]持续迭代，以聚焦重大任务为核心，持续迭代原有业务协同模型，建立新的系统集成的业务协同模型，同步推进数据共享模型迭代升级，是运用系统集成思维的有效方法，充分体现了复杂系统的关联性特点。在数字化改革的推进中，通过落实责任"一本账"，由牵头部门统筹推进"入账"场景的谋划、协调、开发、上线、推广等工作，制订标准，实施项目全流程管理，

---

① "V"字模型是软件开发过程中的一个重要模型，包括客户需求分析、软件需求分析、概要设计、详细设计、软件编码、单元测试、集成测试、系统测试、验收测试等阶段步骤。

尽量避免"抢跑道"、重复建设、无序竞争，凸显了体系化规范化推进的要求。

（三）以动态性特点把握数字化改革的持续深化、迭代升级

动态性是指在系统形成和演进中，为应对内外环境的变化，整体会不断分化集成，促进生成新的个体以及新的更高级的整体。数字化改革具有显著的动态演进特性，其本身是"最多跑一次"改革和政府数字化转型的全方位拓展和升级，坚持面向未来、面向现代化导向，兼顾当前、着眼长远。在实践过程中，将牵一发动全身的重大改革分成迭代升级一批、启动实施一批、谋划推进一批三类，分类推进，充分体现了系统思维的动态演化特征。"V"字模型持续迭代方法，从构建最小系统起步，聚焦关键、放大细节、迭代升级，实现认识不断深化、体系不断完善、能力不断提升，为运用系统集成、多跨协同理念分析和解决问题提供了动态演进的视角和途径。

（四）以层次性特点把握数字化改革自上而下与自下而上的双向互动

作为具有内部结构功能和外部环境功能的系统整体的存在，不是杂乱无章、无规可循的，而是按照一定的阶梯，有层次、有规律发展的。数字化改革系统内的单元层次之间有着不同分工，从宏观到微观、从定性到定量，从建立重大应用"一本账"设计跑道，到找准跑道加速跑起来，既要发挥省市县及县以下各层级的贯通性，使不同层级的平台、应用、体制融会贯通、整体优化，又要发挥各层级各领域的自身特色，特别是发挥基层创新功能。聚焦平台应用贯通，推动省市县三级平台迭代升级，强化数据治理，建立健全问题数据治理闭环管理机制，打通顶层设计、基层创新的双向贯通路径。聚焦体制机制贯通，健全一体化数据平台、六大应用系统及其与基层治理四平台的工作联动机制，将六大综合应用的功能进一步下沉，使六大系统

的所有跑道都能在其中找到对应和落地。

二、以数字化之名：高效生态农业集成改革的总体思路

（一）数据的集成

在数字化改革进程中，数据作为生产要素，通过要素驱动、融合激发、协同提升、反馈正配机制，改变着经济运行的微观基础，促进结构优化、模式创新与制度变革，推动生产、组织、交易效率提升，也提高了资源配置的水平。数字化可以整合农业生产和经营活动过程及其资源，并利用数据改进价值链的决策过程。人工智能技术通过现场传感器、卫星或无人机收集有关土壤湿度、天气条件和植物状态的数据，可以提供高效使用水、化肥和杀虫剂等资源的方式建议，从而提高产量、食品质量和生产者收入。处理大量数据和收集信息还可以提高生产者和消费者的供需匹配度和灵活性，农业生产者可以借助大数据分析提高预测、准备、响应和适应相关变化的能力。

根据农业的产业链条划分，需要集成的数据要素主要集中在农业环境与资源、农业生产、农产品市场和农业服务管理等领域。其中，农业自然资源与环境数据要包括土地资源数据、水资源数据、气象资源数据、生物资源数据和灾害数据；农业生产数据包括种植业生产数据和养殖业生产数据，涉及品种数据、用地数据、种苗数据、药品数据、化肥（饲料）数据、用水数据、农机数据和农情数据等；农产品市场数据包括市场供求数据、价格行情、生产资料市场数据、价格及利润、流通市场等；农业服务管理数据主要包括生产技术服务数据、农业专家数据、农业金融服务数据、农业补贴数据、政策文件数据等（谢康等，2020；2022）。

（二）流程的集成

在传统的农业管理业务流程中，政府一方面发挥强大的控制能力，基本上包办了全流程，农业生产经营主体多数处于被动接受的状态；另一方面，各管理部门之间业务分割明显，各个流程管理相对独立，缺少集成与协调。数字化改革通过农业大数据应用对农业全链条流程集成，改进农业管理与服务，提升农业供应链治理效能。例如，在农产品质量安全认证过程，数字应用通过生产过程的数据收集和展示，确保农民和消费者免受交易欺诈；在农业相关申报与审批过程，数字应用通过简化农民与农业管理部门之间的沟通流程，提供对有价值信息的访问和简化行政程序；在农业自然环境监测与治理过程，数字应用通过无人机自动现场测绘提供的数据，减少自然灾害的损害和恢复时间。

通过引入现代信息技术，数字应用能够实现农业的产前经营流程、物资管理流程、生产中的技术服务流程、农产品分类包装流程、农产品加工储运流程、农产品质量安全管理与产品溯源流程、农产品销售组织流程、土地资源利用与管理流程、农业环境管理流程等的集成。从宏观层面看，数字应用利用大数据的智能分析与业务流程的集成整合，及时调整农业政策，指导农业合理有序地发展，建设农产品追溯体系、价值体系、营销策划体系、监督管理体系；从微观层面看，数字应用通过农业生产管理、经营管理、市场流通管理、资源环境管理等流程的科学化、标准化，促进农业经营主体保护生态环境，节约资源，提供更多的优质农产品。

（三）制度的集成

数字化改革虽然是以数字技术在城乡治理、社会发展中的广泛应用、深度融入为前提，但它的本质超越数字技术以及数字化，是谋求城乡发展和治理能力的质量变革、效率变革、动力变革，实现从技术理性跨越到制度理性，其价值在于对数字化改革方向的引领作用，撬动体制机制改革创新取得重大突破，着力打破与数字时代不相适应的生产方式、生活方式、治理方式，推进经济社会深层次系统性制度性重塑。在此框架下，数字赋能高效生态农业集成改革首先需要通过数字技术的导入，推动数据集成、流程集成，但更重要的是通过制度的集成、重塑和固化，来推动农业全产业链治理水平的提升。

数字化改革之下的高效生态农业制度集成，大抵包含三个方面，其一是不同环节制度之间的串联，在农资投入、农业生产、产销对接、环境管理的农业全产业链条中，各个部门已经制定发布了诸多制度文件，需要通过数字化改革按照产业链条的顺序进行衔接、完善；其二是不同层面制度之间的耦合，农业管理制度包括相关法律、法规、条例、办法、指南等层面，具有不同的规范效力，在数字化过程中需要通过不断的协调、耦合，才能优化农业生产关系、激活农业生产力；其三是相关制度的体系化，制度集成的目标是在数字赋能的基础上，重新实现农业生产结构的组织化、秩序化，通过协调与维系各主体间利益关系，建构协同治理的长效运作机制，因此最终必然是体系化的。

（四）价值的集成

数字化改革以数据为核心要素，重塑农业生产与服务的全过程，通过聚合、协同与关联等路径，实现经济价值、生态价值和社会价值的集成创造。

经济价值上，通过数字技术和数据等新型要素主导并引领其他要素聚合，形成先进生产力，实现农业"高效性"。具体来看，应用数字技术促进信息共享、业务合作及关系协调，一方面降低交易成本和资源配置成本，

实现广泛的资源重组与聚合，另一方面提高产业体系、生产体系、经营体系的协调程度，推动农业产业现代化发展。

生态价值上，农业大数据应用可以促进农业资源节约使用，保护生产和生活环境。数字应用通过传感技术、云技术、人工智能模型等的集成有可能在提高粮食生产和可持续性的同时保护关键农业资源。例如，通过传感器获取的数据帮助关注检测土壤养分和水的状态、植物在营养循环中的需求状况以及对农药的需求，进而通过数字应用中的人工智能模型指导自动灌溉，减少有害化学物质的使用。

社会价值上，农业大数据应用能够推动城乡之间、群体之间的要素自由有序流动，突破农民融入现代农业发展进程的传统障碍，实现包容式发展。数字技术突破性别差距、地域差异、年龄优势等传统社会差距，减少获取资源和信息方面的社会不平等，创造一个有助于促进农业生产者参与、协作和协调的生态系统，实现系统内资源的整合与互动，推动可持续发展。

三、"浙农优品"：高效生态农业集成改革的数字化载体

借助全省数字化改革大会的东风，农业农村领域数字化改革工作驶入快车道，2021 年 3 月浙江省农业农村厅印发《浙江省农业农村厅数字化改革工作方案》，按照"系统观念、创新驱动、数字赋能、示范引领"的总体要求，坚持需求导向、问题导向和应用导向，统筹推进"三农"领域数字技术与生产管理、流通营销、行业监管、公共服务、乡村治理的融合应用，加快农业农村数字化改革进程，打造具有浙江"三农"高辨识度的"金名片"，为建设农业农村现代化先行省聚力赋能。

在重点任务部署中，与高效生态农业集成改革相关的内容如下。

（1）"肥药两制"改革集成应用

围绕化肥农药实名制购买定额制施用改革目标，集成农资监管与服务信息化、农产品质量安全追溯等子系统，建设农业生产经营主体库、农业投入品数据库、肥药定额标准测算、肥药"进—销—用—回"闭环管理、农业主体跟踪评价、决策分析与数字化展示等核心模块，构建快速响应、高效执行、精准追溯、科学决策的执行链，全面推进"肥药两制"改革，促进农业绿色高质量发展。

（2）深入实施数字农业建设

按照数字经济建设部署要求，聚焦乡村数字新基建，指导各地实施高水平推进农业农村现代化补短板建设行动，谋划实施一批乡村数字新基建重大项目，重点推进数字农业园区、数字农业工厂（数字牧场、数字渔场）建设，加快乡村5G基站建设，推进北斗卫星导航系统和遥感技术在农业农村应用，夯实数字乡村发展底座。实施"互联网+"农产品出村进城工程，做大做强"网上农博"，加快农产品销售物流体系数字化改造，大力培育直播电商、跨境电商、直播带货等新业态。

（3）加快"浙农码"推广应用

通过区块链等技术应用，以二维码为标识载体，为全省涉农领域的乡村、主体、要素、产品建立统一的数字身份。同时，积极拓展畜牧养殖、渔业渔政、产品追溯、精准帮促、乡村治理等领域应用，打造一批可复制、可推广的数字赋能乡村振兴的应用场景。

为完成以上重点任务，浙江省农业农村厅组织厅内相关处室、联合厅外相关部门，在2014年开始建设的"浙江省农产品质量安全追溯平台"和2015年上线的"浙江省农资产品监管服务信息化平台"的基础上，集成打造数字化应用"浙农优品"，同时推进数字农业的建设和"浙农码"的推广应用。在这个过程中，"浙农优品"先后历经两次迭代升级，它的总体架构和改革边界在不断扩大，并且与其他重点任务的融合度越来越高。

"浙农优品"两次迭代升级的具体历程为：2021年6月，"浙农优品"作为"绿色优质农产品生产服务"应用场景，被正式列入浙江省农业农村厅乡村振兴集成应用"一本账"S0版本。2021年10月，它又被浙江省农业农村厅列入多跨场景应用"一本账"S1版本，核心场景从最初的4个延伸拓展到7个。2022年6月，在"数字化改革、全面深化改革、共同富裕示范区重大改革"一体融合背景下，"浙农优品"被列入2022年浙江省重大改革（重大应用）"一本账"S2版本之中，成为数字经济系统中高效生态农业集成改革的总抓手。

"浙农优品"应用从农产品生产源头投入这个小切口入手，通过数字化手段，着力打通肥药购销、农事操作、产品检测、质量认定、产销对接、农废回收等从田园到餐桌全生命周期的业务流和数据流，以优化农产品生产标准化、监管智慧化、特征标识化、产品身份化、产销一体化等服务，实现市民消费安全放心、农民优品获得优价、农业生产绿色低碳、产地环境持续修复等经济、社会、生态等效益多赢。截至2022年9月，该应用横向协同浙江省发展和改革委员会、浙江省生态环境厅等7部门，纵向贯通11个地级市、87个涉农县（市、区），2.63万家生产主体、6800多家农资店、3000多名工作人员注册应用，日均访问量29.4万余次，在推进农产品生产标准化、产品优质化、产销一体化、环境生态化中发挥实战实效，正成为浙江省高效生态农业集成改革的主引擎。后文将对"浙农优品"应用的开发建设以及取得的初步成效进行详细介绍。

第三章

"浙农优品"的顶层设计与总体框架

第一节 顶层设计

一、重点任务

（一）推动业务流程重塑

以数字化改革推动高效生态农业重大改革中难点、堵点的破解，聚焦重大需求，梳理"三张清单"，重塑"植物医生""土肥专家""一标一品"一键办理、"农废一本账"、产品码"三合一"等 12 项业务流程，形成实名购买、定额施用、质量安全、一标一品、产销对接、农废回收、双碳账户 7 大业务核心子场景。

（二）综合集成搭建多跨应用

以核心数据串联业务流程，形成 7 大业务核心子场景基础数据库，通过数据上架乡村大脑、IRS（integrated resources system，一体化数字资源系统）实现跨应用、跨层级、跨平台、跨领域等多跨协同，实现数据价值。通过细分领域模型的建设，形成农业产业标准化技术平台，为农服务。通过应用组件建设，实现应用一体化建设与地市创新的共建共享。

（三）实战实效促进乡村振兴

实现七大场景全上线，省市县全贯通，搭建"浙里办""浙政钉"、PC端等几大端口，为多类主体提供登录入口，实现服务侧、治理侧功能集成，业务一键办理。2022年9月实现2.63万家规模主体、6800余家农资店全部上图入库；助力中央环保督察整改销号落实；质量安全场景初步实现农产品精密智控，产品抽检合格率稳定在98%以上；产销对接场景努力实现稳产保供助农纾困。

（四）改革突破重塑制度

在构建农产品优质生产新机制、构建质量安全监管新模式、构建产销精准对接新路径、探索农业绿色发展新图景方面实现体制机制创新，建立一套较为完整的"浙农优品"政策制度体系。

二、"浙农优品"的迭代升级

根据全省数字化改革重大应用"一本账"更新的要求，"浙农优品"在开发建设中经历了两次迭代升级，形成了S0、S1、S2三个版本，对应着三个建设阶段。

（一）S0版本

1.建设背景

浙江省农业农村厅的数字化起步早，浙江省农产品质量安全追溯系统自 2014 年起开展建设，涵盖农业主体管理、检测数据管理、执法巡查管理、农产品追溯管理等内容，系统汇集了农业生产主体数据资源，是建设"浙农优品"农业生产经营主体库的基础。其积累的检测数据、农产品追溯数据、执法巡查数据，为"浙农优品"农产品质量安全监管体系的业务开展提供了重要支撑。

浙江省农资产品监管服务信息化系统于 2015 年正式上线运行，系统涵盖农资经营主体库、农资商品库、经营台账库和日常监督管理内容，汇集农资购销主体、农资商品名录、购销记录、农业行政执法案件等数据。农资商品、经营台账等数据资源，对以农资经营主体为索引，完善"浙农优品"肥药购销流程起到了支撑作用。

S0 阶段的"浙农优品"是在整合以上两个业务系统，打通建立主体信息数据库与农资购销数据库的基础上，完善系统功能，开发服务端、监管端两大用户界面，围绕实名购买、定额施用、评价认证、精准对接四大核心环节，建立数据交换共享机制，实现农业绿色发展全产业、全链条、全方位智慧监管。

2. 三张清单

重大需求："肥药两制"数字化改革以"农民生产好产品、政府实现肥药双减量"双向需求为导向。聚焦优质优价，从消费者对农产品的需求从追求数量转为"量质并举"出发，优化农业产业结构需求，解决供给侧结构性短缺问题，同步促进农民增收致富。聚焦质量安全，确保农产品质量安全，推动质量追溯由主体向过程延伸。聚焦肥药双减，农业面源污染防治，除过程循环和末端处置之外，还要从源头减量入手，抓好肥药减量增效。

多跨场景：S0 版本的"浙农优品"场景主要集中在主体端农业生产阶

段的肥药购买、肥药施用、产品检测认证及市场端市场需求阶段的产销对接等方面（见图3-1）。

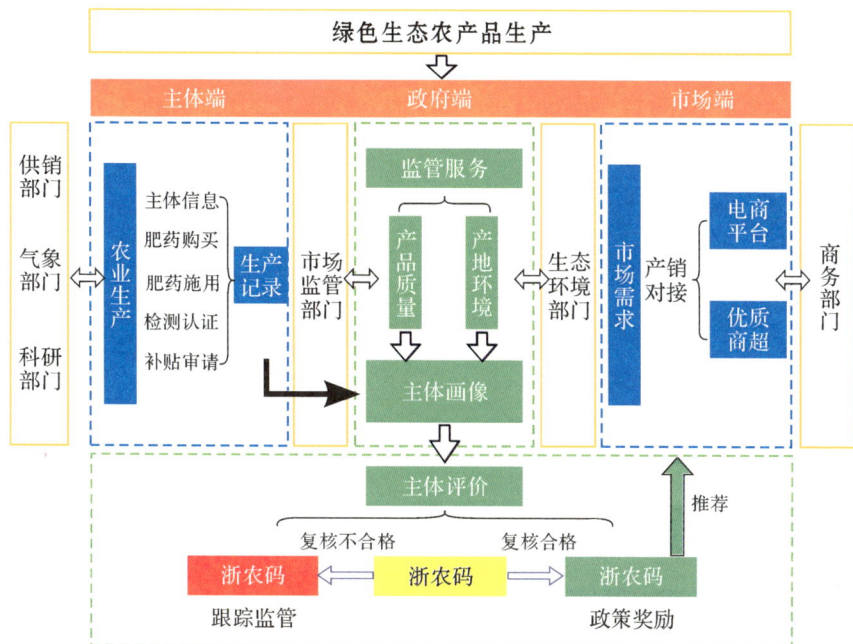

图 3-1 S0 版本多跨场景

重大改革：聚焦"肥药两制"改革，变革前农资店经营以纸质台账为主，实名购销制度仅限于农药，现为建设农业生产经营主体库、农业投入品数据库，推行化肥农药实名购买制度，纸质台账升级为电子记录。变革前化肥农药施用粗放，农业主体施肥用药定额以建议为主，现为建立主要农作物定额标准体系，推行化肥农药定额施用制度，科学施用化肥、农药，产品全程可追溯，产品品质提升。变革前肥药减量数据统计难，传统监管手段难以形成数据闭环，监测缺乏有效手段，现为数据形成闭环管理，实现肥药减量数字化监测。

3. "V" 形图

"V"模型方法是在系统设计与分析中被广泛应用的一种重要方法，是实现数字化改革系统重塑的重要手段和工具。

如图 3-2 和表 3-1 所示，首先进行任务分解。以绿色生态农产品生产为小切口，从肥药购买、肥药施用、产品认证、产销对接等四大方面，分别拆解子目标任务，如果子项目还有细分则继续拆解至最小任务项。

确定总任务由省农业农村厅牵头。供销部门、市场监管部门、生态环境部门、气象部门、科研部门、商务部门等有关部门单位协同配合。进而建立指标体系，确定各政策对应的数据需求，确定数据系统。

确定业务协同流程、数据集成流程，在业务集成、数据集成基础上，对化肥农药减量、农产品质量安全等数据进行智能分析，集成"肥药两制"任务整体画像。

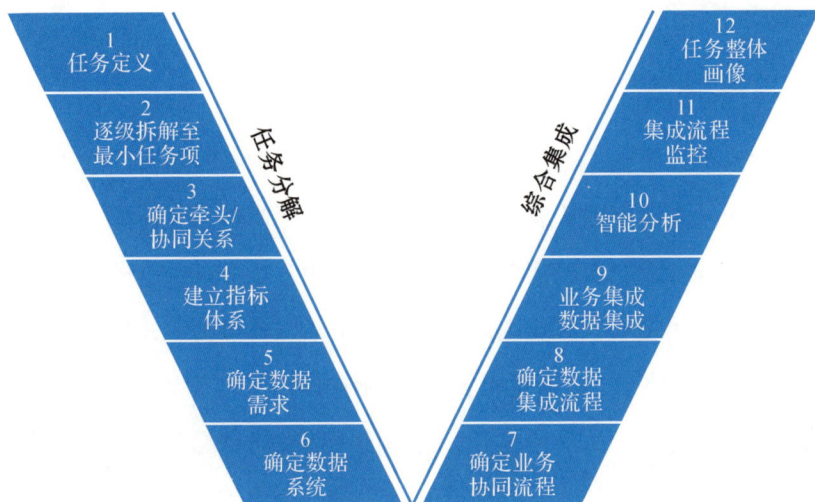

图 3-2   "V" 形图

表3-1 S0应用数据清单

序号	任务清单		数据清单
1	"肥药两制"改革		主体信息
2	肥药购买	位置推送	农资店信息
3		农资店购买	肥药购买信息
4		批发	
5	肥药施用	农药使用	病虫害监测防治数据
			用药建议
			统防统治服务
6		肥料施用	土壤属性数据
			施肥建议卡
			推广有机肥
7		补贴申领	主体信息
8	产品认证	合格证申领	检测结果数据
9			生产记录数据
10		一品一标认证	绿色食品认证
			农产品地理标志认证
11	产销对接		主体评价结果
12			平台信息

（二）S1版本

1. 迭代背景

围绕S0一本账对农业"肥药两制"改革的总体要求，到2021年7月，已开发"浙农优品"1.0版，实现包括"肥药购买""定额施用""安全监测""合格证""一品一标""产销对接"等场景，开发了"浙里办""浙政钉"端应用，实现了与数字"三农"协同应用平台整合对接，并开发了数字政府门户对应页面。

为适应数字化改革推进需要，2021年10月，浙江省委改革办（浙江省数改办）印发了全省数字化改革重大应用"一本账S1"，开启了"浙农优品"应用第二阶段建设，从数字政府跑道转向数字经济跑道。结合数字经济跑道的总体框架，根据开发中遇到的实际问题，围绕产业数字化，贯通生产、分配、流通、消费、优化要素和服务，在第一阶段基础上进行拓展，开发了"浙农优品"2.0版，于12月1日正式上线IRS。"浙农优品"开启应用迭代，通过开展集中攻坚，对接7个厅局，协调厅内8处室，重新梳理了12项业务流程，对场景功能进行进一步整合，最终形成了"一舱两端七场景"的总体架构。在省市县三级贯通、一体化开发的基础上，积极推动与地市自建系统、先行先试应用的对接。业务条线在部署工作中将业务数据流纳入考核，并根据业务数据晾晒，积极推动应用落地。在应用开发与推广的过程中，逐步形成了"'浙农优品'建设指南""'浙农优品'对接指南""'浙农优品'操作指南"三大指南，应用开发、数据对接与落地推广逐步标准化、规范化。

2.三张清单

（1）重大需求："浙农优品"聚焦农业生态、农产品质量安全等12项重大需求。

①农民四大需求。农资需求：农民对农资购买有质量可靠、价格优惠、便捷服务的需求。用肥需求：农民对产地地力情况不了解，生产过程中施什么肥、用多少量不清楚，需要测土配方，优化施肥结构，科学施肥、按需施肥，提高肥料的利用率，降低生产成本。用药需求：农民需要实时掌握病虫害发生情况，提前做好预防措施；病虫害发生后，需要及时获得用药指导，提高农药效用、降低虫害损失。价格需求：农民需要及时了解市

场需求与变化，对标市场需求安排生产，实现产品销得出；农民需要更多优质的销售渠道，实现产品卖得好；农民需要产品品牌化，实现产品价格卖得高。

②市民对农产品的多重需求。包括安全放心、优质绿色、营养健康和休闲养生等其他多元功能。

③市场两大需求。优质主体需求：市场优质销售渠道需要优质生产主体的需求，要求优质生产主体供货稳定、规模可控、品类多样。优质产品需求：市场优质销售渠道需要优质产品的需求，要求优质产品有质量、全程可追溯、品质信用可背书、品牌溢价有空间。

④政府三大需求。保供需求：政府部门对"米袋子""菜篮子"有保量又保质的政治责任，确保重要农产品供给稳定、质量安全。生态需求：政府部门有守护"绿水青山"生态底线的历史使命，防治农业面源污染，确保产地环境持续修复，农田变良田。增收需求：政府部门有助推农业质量效益和竞争力提升、帮农促富扩中提低，系统性推进共同富裕战略部署落地的责任。

（2）多跨场景：构建了实名购买、定额施用、质量安全、一标一品、产销对接、农废回收、双碳账户七个核心子场景（见图3-3）。具体见本章第三节。

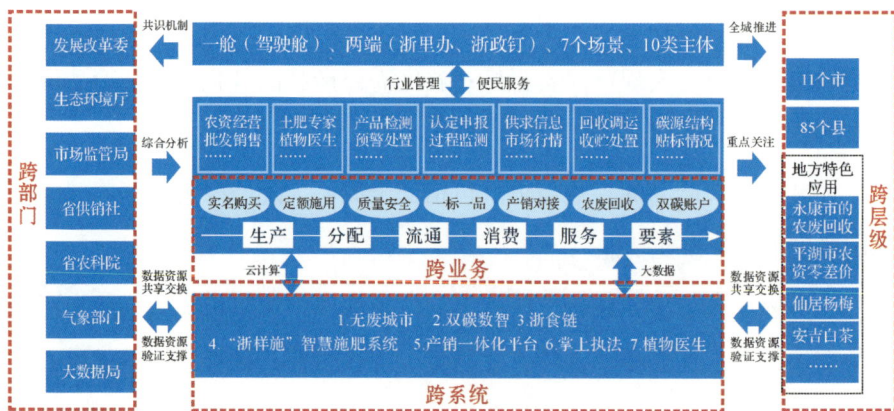

图 3-3　S0 版本多跨场景

（3）重大改革

①完善农产品市场准入制度。改革前，食用农产品合格证开具主要实行承诺制，只要生产主体承诺农药残留不超标便可开具，与后续产品抽检情况缺乏有效衔接，也不作为产品入市硬性条件。改革后，在规模生产主体上率先推行合格证与产品抽检情况关联制度，产品抽检不合格的不予开具合格证，并在批发市场、大型商场中试点推行入市索证制度，有效提升合格证的证明效力和权威性。

②完善农产品质量追溯体系。改革前，农业农村、市场监管等部门之间业务协同、数据关联率不高，导致市场端、消费端难以查询到生产端相关信息。改革后，创新运用"浙农码"，打造全省农产品规范统一的电子追溯标识，全面集成展示主体基本情况、农事操作、合格证、地理标志等信息，并连通市场监管"浙食链"，将生产环节、流通环节信息打通，破解了质量追溯"失链""断链"难题。

③完善农产品产销对接机制。改革前，生产主体与销售商对接主要靠

分散的、区域性的线上线下活动,渠道不通畅、信息不对称、信任程度低、对接成本高等问题困扰双方,销售商和消费者难以辨别生产主体优劣,生产主体的农产品绿色生态价值难以体现在价格上。改革后,通过建立农业主体绿色发展评价机制,选出优质主体推荐给供应链企业,帮助好主体找到好市场、好产品卖出好价钱。

④建立肥药"进销用回"闭环机制。改革前,肥药销售、使用、回收等全程数据难以共享获取和综合运用,对全省肥药用量和废弃物回收的统计以样本调查为主,存在样本代表性不足、数据误差大等问题。改革后,通过在全省农资店落实肥药实名购买制度,生产主体落实肥药定额施用制度,在农废归集点使用"浙农(农废)码"采集数据,实现肥药及其包装从农资店到生产主体再回到农资店的闭环管控,确保了肥药来源可溯、去向可追、用量可控、废物可收。

3. "V"形图

确定肥药购买、定额施用、质量安全、一标一品、产销对接、农废回收、双碳账户 7 项一级任务,并拆解为 48 项二级任务,90 余项三级子任务(见表 3-2)。

确定总任务由省农业农村厅牵头。发改部门、供销部门、市场监管部门、生态环境部门、气象部门、科研部门、商务部门等有关部门单位协同配合。在建立指标体系、确定数据需求、确定数源系统的基础上,再造 12 项流程,做好综合集成。

表 3-2　S1 应用数据清单

序号	任务清单		数据清单
1	"肥药两制"改革		主体信息
2	肥药购买	农资经营	农资店信息
3		批发直供	化肥、农药进销信息、购买渠道分析、肥药价格信息
4		要素服务	
5		监测评价	
6		执法监管	执法案件数量、处置信息
7		现场实况	实时视频信息
8	定额施用（土肥专家）	土壤概况	全省土壤类型信息
9		调查监测	长期定位监测点、"三区四情"综合监测点信息
10		质量等级	质量等级、酸碱度、有机质、全氮、有效磷、速效钾信息
11		测土配方	取土测土、定额标准、主推配方信息
12		用肥评价	施肥强度、施肥结构信息
13		浙样施	浙样施应用
14	定额施用（植物医生）	植保网络	监测站点、植保服务组织信息
15		病虫监测	病虫害测报信息
16		施药强度	历年强度、农药结构信息
17		用药预警	定额施用标准、双超预警信息
18		统防统治	统防统治面积、飞防实时信息
19		绿色防控	绿色防控示范面积、典型模式、实时视频信息
20	质量安全	监测主体	监测主体信息
21		产品检测	抽检批次、检测服务机构、检测参数信息
22		质量追溯	合格证信息、与浙食链贯通信息
23		预警处置	风险品种、风险药物、风险处置信息

续表

序号	任务清单		数据清单
24	质量安全	巡查服务	累计巡查数、巡查信息
25		信用评级	信用评价主体家数、信用主体分级信息
26		合格证申领	检测结果数据
27			生产记录数据
28	一标一品	认证申报	绿色食品认定、农产品地理标志登记信息
29		技术服务	定点检测机构、专家服务、培训服务信息
30		过程监测	一标一品抽检监测、现场巡查、年检审查信息
31		预警处置	一标一品主体预警信息
32		项目管理	一标一品项目信息
33		优品推荐	精品绿色农产品推荐信息、翠花牵线
34	产销对接	销售渠道	供应链企业、近场电商、批发市场信息
35		供求信息	供货信息、求购信息
36		产销活动	线上、线下活动信息
37		监测预警	分产业价格行情等信息
38		网上农博	与网上农博对接的主体、产品信息
39		衍生服务	共享冷库、数字货运等
40	农废回收	回收调运	回收点、调运点、调运信息
41		收贮处置	归集点信息、周转效率信息
42		预警监测	库容预警信息
43		资金补贴	回收费、归集费、处置费补贴信息
44	双碳账户	低碳生态农场	低碳生态农场创建类型、创建进度信息
45		创建进度	
46		低碳技术应用	减排技术、固碳技术、资源综合利用、碳汇技术等信息

续表

序号	任务清单		数据清单
47	双碳账户	跟踪评价	低碳生态农场跟踪评价信息
48		碳账户	碳账户核算模型信息
49		特色场景	衢州、舟山等数字化场景信息

（三）S2 版本

2022 年 6 月，根据"数字化改革、全面深化改革、共同富裕示范区重大改革"一体融合、重大应用结合重大改革的要求，"浙农优品"在高效生态农业集成改革下发挥了核心作用。如图 3-4 所示，以"浙农优品"应用为基座，集合了网上农博、浙农牧、浙茶香、浙农渔、浙农服、农民信箱、数字农业气象等子场景应用的重大改革（重大应用）——高效生态农业集成改革（"浙农优品"），总体框架正在逐步形成。

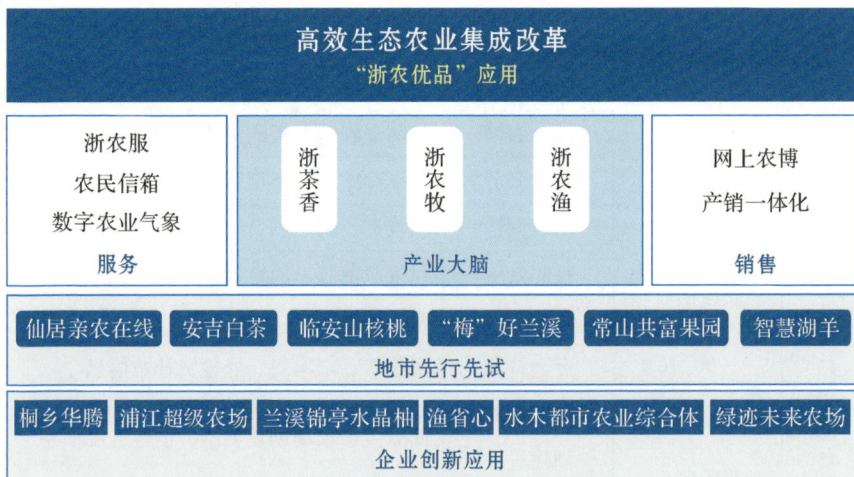

图 3-4   S2"浙农优品"总体框架

重大需求：高效生态农业是习近平同志主政浙江期间作出的重大决策部署[①]；应用满足农业农村部等六部委印发的《"十四五"全国农业绿色发展规划》要求推进化肥农药减量增效；应用聚焦农民与市民、市场与政府对高效生态农业的"四盼"需求：农民盼产品优质优价、市民盼消费安全放心、市场盼产销精准对接、政府盼环境绿色低碳。

在 S2 版本下，"浙农优品"业务落地有了更明确的责任，主体运用有了更直接的抓手，应用功能得到优化整合，与产业大脑的数据进一步贯通，产业大脑模型更有效支撑综合应用的能力建设，农产品的优质优价实现在后端得到更高效保障。

第二节　总体架构

"浙农优品"应用按照"四横四纵"架构体系，依托一体化智能化公共数据平台、浙江乡村大脑，建设高效生态农业集成应用。"四横"自下而上包括基础设施体系、数据资源体系、应用支撑体系和业务应用体系；其中基础设施体系、数据资源体系、应用支撑体系构成应用的底座，业务应用体系围绕绿色优质农产品生产服务全周期，由高效生态农业的核心业务场景组成（见图 3-5）。

---

① 习近平 . 之江新语 . 杭州：浙江人民出版社，2007：109.

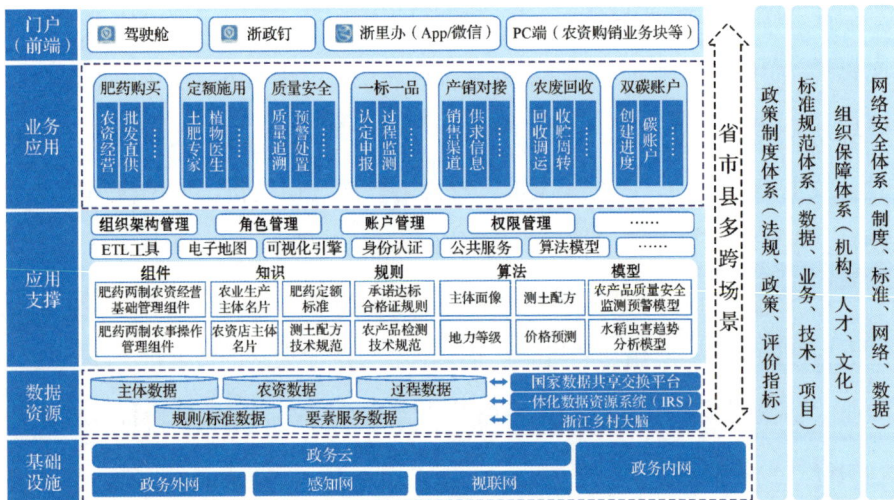

图 3-5   "浙农优品"架构

一、门户（前端）

"浙农优品"门户指的是面向不同用户对象的不同端口。按照浙江省大数据局提出的"浙里办""一网通办"和"浙政钉""一网通管"的目标，形成了"一舱两端"的前端门户。"驾驶舱"是为领导分析决策提供支撑、为管理者分级管理数据的端口，其余端口上办理的农产品生产全流程业务数据流在此汇总。在"浙里办"端口，应用将对农业生产主体、农资经营主体、农废归集点管理人员、农废处置场人员、采购商、抽检机构、烘干中心、销售渠道主体、农技专家主体、服务组织主体等 10 类主体开放办理业务的登录入口；基层工作人员登录"浙政钉"，可以在手机端随时随地办理业务。"浙农优品"应用在开发"浙里办""浙政钉"门户的同时，根据用户群体的需要设置 PC 端门户。

二、基础设施体系

基础设施层主要包括项目建设及部署所需的物理、网络以及部分软件资源。构建智能协同的高水平网络平台和物联感知体系，具体来说，在政府侧，依托政务"一朵云"，开放共享对接相关公共数据，获得相应算力支撑；在服务侧，基于农业物联网，通过各类数据源系统底层硬件工具，如 4G/5G/Wi-Fi、基础 IT 设备、智能感知设备等，实现多源异构数据高效融汇，成为精准感知农业产业过程的"神经网络"。

三、数据资源体系

"浙农优品"汇集的数据，按照对象、行为、规则和服务要素分成主体数据、农资数据、过程数据、规则/标准数据、要素服务数据五大类。基于 SQLServer 数据库与 redis cluster，数据资源层内包含"浙农优品"相关的各类业务数据：从各数源单位采集到的原始数据资源；经数据清洗、比对、整合形成以数据仓库为形式的综合数据资源；按"浙农优品"业务需求建立主题数据；以及包括"肥药两制"主体数据库、投入品数据库等专题数据集，数据统一归集到乡村大脑和浙江省公共数据管理平台。

四、应用支撑体系

应用支撑层涉及的公共应用支撑功能工具，具体包括：报表工具、统一门户集成、系统配置管理、元数据、服务总线、图形化工具以及统一身份认证等充分利用现有城市大脑应用支撑工具，建设账户管理、权限管理、组织架构和角色管理。应用中对可移植、可复用的数字化能力单位进行深入挖掘，进行能力组件开发，完成智能模块建设，构建能力中心，涵盖农资经营基础管理、农事操作基础管理等智能组件及农产品质量安全管理智能模块等。

●能力中心

按照时任省委书记袁家军"进一步加快产业大脑能力中心建设，加速汇聚能力组件，形成丰富的应用服务生态"的要求，能力中心综合集成算力、数据、算法、模型、智能模块等数字资源，支撑农业农村数字化改革应用，提升农业智能、乡村智治、农民智富能力，助力农业农村现代化、乡村振兴和农民农村共同富裕。"浙农优品"作为农业农村条线重大应用，深入贯彻浙江省委数字化改革总体部署，加快推进"农业乡村大脑"能力中心建设，进行能力组件开发，实现能力建设。第四章将从能力建设的业务基础（数据）、重要组成（组件）和核心功能（模块）三个方面进行阐述，介绍"浙农优品"在能力建设方面的进展。

五、业务应用体系

构建了肥药购买、定额施用、质量安全、一标一品、产销对接、农废回收、双碳账户七个核心子场景。

（1）实名购买：围绕化肥、农药等投入品源头管控，提供肥药实名购销、增减挂钩联动、限额限范围购买预警、配方肥替代平衡肥监测统计、案件线上办理等服务。

（2）定额施用：围绕化肥、农药等投入品过程施用，提供病虫害精准测报、测土按方施肥指导、超限量超范围施用预警、土壤类型质量查询、统防统治服务、产业团队专家指导等服务。

（3）质量安全：围绕农产品质量安全监测，提供产品抽检、结果反馈、风险预警、跟踪处置、合格证开具、信用评价等服务。

（4）一标一品：围绕绿色食品与地理标志产品申报、续报、认定，提供一键申报、年检审查、监测预警、专家培训服务、品牌推荐等服务。

（5）产销对接：围绕农产品销售渠道拓展，提供产销对接、价格信息、宣传推广、供求信息等服务。

（6）农废回收：围绕农药包装废弃物回收处置体系数字化工作，提供回收调运、收贮处置监测预警、资金补贴等服务。

（7）双碳账户：围绕低碳生态农场创建任务，提供低碳生态农场分类、申报服务、低碳技术、碳账户特色场景等服务。

第三节　驾驶舱与核心场景

一、"浙农优品"驾驶舱

"浙农优品"驾驶舱是面向管理人员的端口，是部署在"浙江乡村大脑"上的应用。"浙农优品"驾驶舱是对农业生产全流程服务管理的数据进行汇总分析，便于管理者了解浙江省高效生态农业发展基本情况的集成页面。这是监管人员进入业务系统，进行后台管理的入口；是集成应用知识、组件、模型等的能力中心入口；也是业务条线管理人员根据业务数据分析晾晒，了解进度的窗口；还集成了应用数据监测、宣传演示等页面。

●浙江乡村大脑

浙江乡村大脑是基于浙江省一体化智能化公共数据平台建设的农业农村领域数字化平台，集成了浙农系列的能力中心、数据仓、"三农"地图、应用场景、能力网关等功能，在"浙政钉"电脑端（https://szsn.zjagri.cn/）

通过权限认证后进入，在应用场景页面可以进入"浙农优品"应用。

首页的"三农"地图以天地图为底图，实现省市县三级穿透，规模生产主体、农资店、规模牧场等多类主体的数量、定位，以及周围6个模块的相关数据，随时切换到市级或县级联通跳转。首页集合了7个核心子场景。在重新梳理业务流程的基础上，首页的左右两侧集中展示了农产品生产全生命周期的核心业务流程。

（1）生产主体

生产主体对"浙农优品"服务的主体根据品类主体、品类规模、优品分级进行了分级分类画像。根据主体类型与产业类型展示浙江农业产业特征；根据品类规模展示主体规模化程度；由于在各业务条线工作中，认定了一批优质农业生产主体，在优品分级中进一步对一标一品主体、"肥药两制"试点主体、低碳生态农场主体进行画像。

浙江"七山一水二分田"，人均耕地0.56亩，农业主体小而散；但全省土地流转率约为60%，农业已走向适度规模经营。因此，"浙农优品"应用服务的农业主体主要定位在规模农业生产主体，截至2022年8月，已有2.6万家种植业、畜牧业、渔业规模主体上图入库。

对于农业生产主体的日常维护，浙江省农业农村厅以一系列文件明确业务条线责任，工作人员需要对本区域的主体进行动态维护，同时在农产品抽检、一标一品申请、低碳生态农场创建等线上业务办理，以及应用之外的数字工厂、高品质绿色科技示范基地等线下任务推进中，动态增补主体入库。

● 主体名片

驾驶舱的主体名片是规模生产主体在"浙农优品"形成数据流的集成，

包含基本信息、产地信息、农事操作、预警跟进、监测处置、主体评价、优品信息、双碳账户8个板块，可以及时跟踪主体业务办理的数据。基本信息呈现了生产主体的基本信息；产地信息中可以查看主体生产不同产品的地块，主体自行命名管理的地块在基地信息中呈现，地块信息在天地图底图上，可以查看具体地块的土壤成分、施肥建议，产地实况是主体接入基地实况视频的入口；农事操作为主体记录的所有生产记录，包括每个地块的操作类别、时间、投入品、施用量等数据；预警跟进是主体码变色跟进处置的具体情况；监测处置是主体生产的农产品监测处置数据闭环；主体评价是主体"四关联一跟进"的绿色发展评价；优品信息汇总了主体开具合格证的产品名称、上市时间、开具张数、产品码信息以及贯通市场监管局"浙食链"的回流数据，如果当前主体农产品为绿色食品，或是地理标志农产品授权主体，也会在优品信息中展示；双碳账户中，呈现了低碳生态农场创建进度，以及碳账户名片信息（见图3-6）。

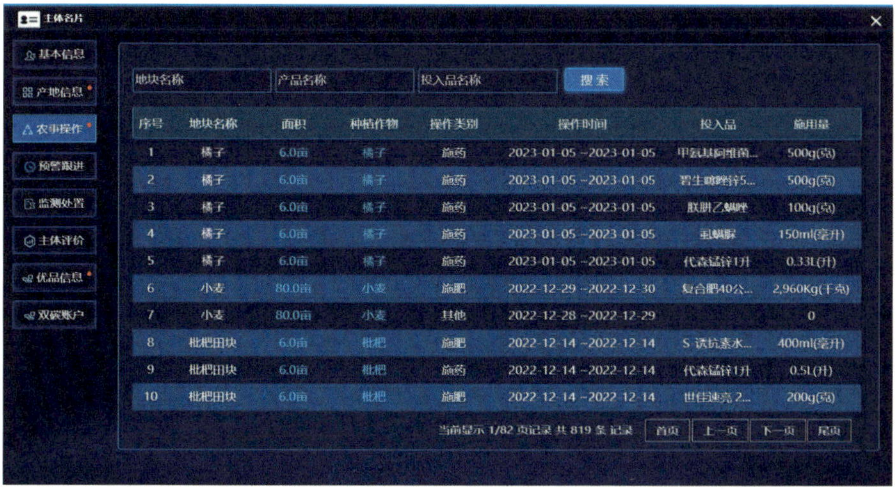

图3-6 主体名片

（2）肥药两制

肥药两制模块是服务农业生产主体绿色生产的模块，是对浙江省肥药两制工作开展情况数字化的实时掌控。通过肥药实名购销的过程数字化、肥药定额施用标准的规则数字化，本模块集成了农业主体购买生产资料的实时购销情况，不同类型农业生产的主推技术模式，以及"肥药两制"相关政策制度。（详见子场景一、二）

（3）质量监管

质量监管模块通过对投入品监管、农产品检测、合格证开具三个关键节点的过程数字化，在生产环节做到全量监管，保障浙江省农产品质量安全。通过跟踪农业投入品案件的查处办理，确保不出现违法违禁的农药；通过农产品定性、定量检测，以及检测结果的闭环处置，保障质量监测精密智控；通过"浙农码"合格证的开具，确保农产品生产数据可以直接追溯到主体生产的源头。（详见子场景三）

（4）监测评价

监测评价模块是农业生产过程中可能出现风险点的实时监测预警，实现对农业生产主体的预警、农产品的预警、农业生态环境（农业投入品处置）的预警，使管理人员及时了解本区域内出现的风险预警，以及需要跟进处置的事项的窗口。主体评价页面实时展示了农业生产主体、农资店两类出现的预警信息；产品预警分析了农产品检测不合格信息，形成风险产品清单，列表式呈现近期质量安全风险频次高的农产品；农废库容预警根据农废归集点的归集、调运数据，结合自身库容，对不及时归集农废以及不及时处置已归集的农废的归集点进行预警。

●浙农码

"浙农优品"通过浙农码三色预警动态监测主体绿色生产、农产品质量安全以及农业生态环境,形成了"浙农码—主体码""浙农码—产品码""浙农码—农废码""浙农码—碳账户码"等多类用码场景。"浙农码"以二维码、NFC、RFID 等为载体,通过数字孪生,为浙江省涉农领域的人、物、组织建立统一的数字标识,为万物互联提供身份保障(王兵等,2022)。

●浙农码—主体码

在主体码场景中,"浙农优品"通过接口向"浙农码"总仓提交农业主体的名称、统一社会信用代码等数据,依据编码标准,申请用码标识,生成码可以用于主体身份识别、主体信息展示、生产过程智能预警。主体将二维码打印成实体标签,或通过终端电子化展示"浙农码",有些没有统一社会信用代码的农业主体通过姓名与身份证信息提交用码申请。"浙农优品"中入库的农业生产主体、农资店两类主体自动申请主体码,主体码生成以后,扫描主体码会显示主体的名称、位置、联系方式、生产规模、主导产品等可供宣传推广的信息,可以在农资购买、抽样检测的场景中用于识别身份,在"浙农"系列其他应用中的有关联信息也会集成在"浙农码—主体码"信息页中。

(5)流通消费

流通消费是农产品生产到上市的后端,根据农产品市场价格等数据,建立蔬菜、生猪、水产等主要农产品的市场监测模型,形成反馈机制,以需定产,实现农产品稳产保供、应急调配。应用搭建平台,打通供与求的渠道,将最新的供求信息、产销活动推送给生产主体、供应链企业,建立"全产业链农业龙头企业 + 家庭农场 + 小农户的合作方式"的良性合作方式,既丰富了供应链企业产品货源，也推动了小农户融入现代农业。

（6）未来农场

未来农场是集中展示"浙农优品"应用涵盖的优质企业、优秀技术的窗口。优品应用链接到数字工厂绿迹未来农场、明康汇安吉基地、水木都市农业综合体的种植管理系统；"实时在线"提供了优秀生产基地的实时监控画面；视频空间中仙居杨梅、宋茗白茶、明康汇智慧农业等智慧农业技术在此呈现。

二、肥药购买

肥药购买场景是化肥、农药"进销用回"闭环的源头，通过对全省肥药"农资批发店—农资零售（批零兼售）店—生产主体"的流通过程数字化流程再造，以购销流程数字化落实"肥药两制"任务（见图3-7）。

在服务农资店日常经营上，为经营人员提供了进销存管理软件，便捷了台账记账功能，部分农资店进一步升级硬件，使用人脸识别、触摸屏等设备，大大提高了经营效率。

在政府监管上，一方面，在激励农资店逐步做到肥药购销记录的基础上，通过农资店购销数据关联主体施用数据，实现化肥农药实名购买，数据形成闭环管理，实现数字化监测全省化肥、农药减量情况。另一方面，与地方执法监管工作紧密相连，对接全省执法案件情况，反馈进度。此外，还实现了对全省农资经营情况、批零直售情况、农资服务情况的画像。

在应用数据逐步完善的基础上，通过进一步细化农资店化肥购销字段，建立了主推配方肥推广量统计模型，对县域主推配方肥流通数据进行统计分析，电子台账为中央环保督察问题整改提供了有效支撑。

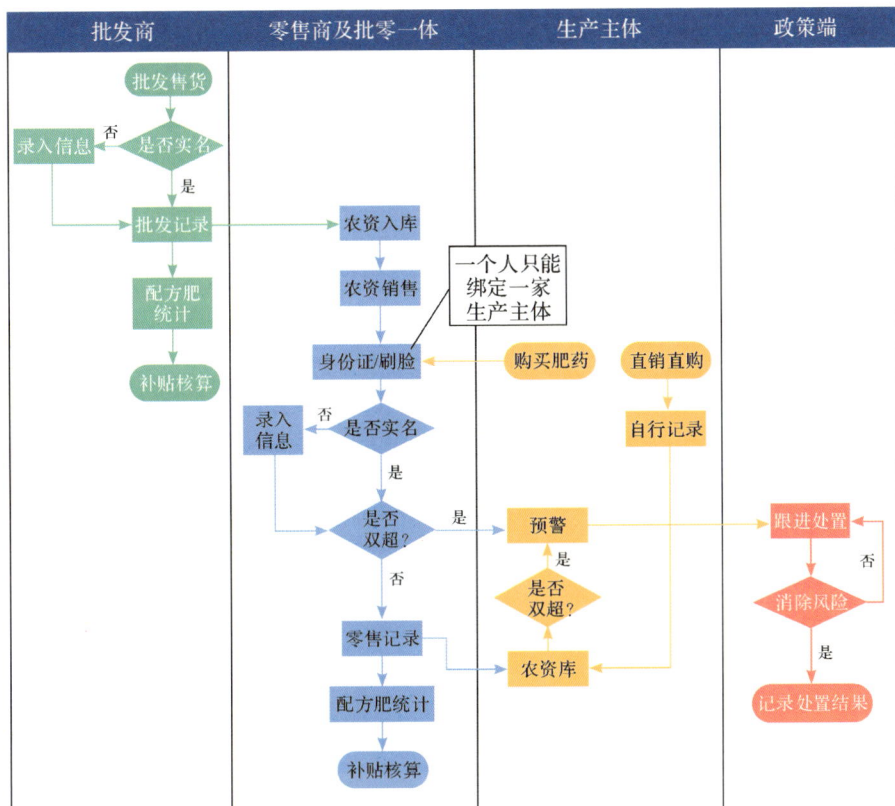

图 3-7 肥药购销流程

　　通过调查摸底完善农资经营主体库,形成农资经营主体绿色评价体系,通过"浙农码—主体码(农资店)"对农资经营主体进行绿色评价。

　　●浙农码—主体码(农资店)

　　农资店的浙农码赋红黄绿三色,通过关联销售记录判断是否落实了实名制销售、是否经营了禁用农药,关联行政处罚信息判断是否有无农药登记证、假冒登记证的行为。农资店从未开展销售记录、销售了禁用农药、出现行政处罚事件会变红码,近7日无销售记录会变黄码。红码、黄码的预警出现后，工作人员会在线下执法检查、日常巡查中，跟进问题，研判农资店是否存在不符合绿色生产要求的行为，确认或者消除变色（见图 3-8）。

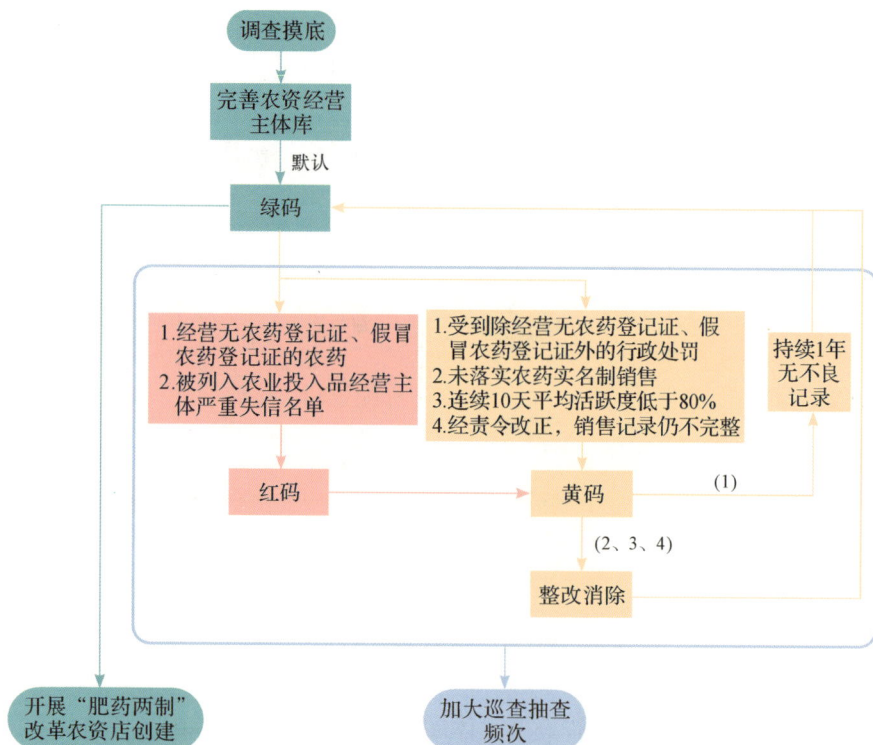

图 3-8　农资经营主体绿色评价流程

● 案例——龙游主推配方肥电子台账

龙游建立主推配方肥的推广方式。明确激励政策，给予销售者 50 元 / 吨奖励、使用者 150 元 / 吨的资金补助，通过"主管部门 + 农资主体 + 种植主体"，建立上下游"扇形引流"推广模式。通过"浙农优品"应用，对购买主推配方范围内且种植户用于主要粮油作物的配方肥进行电子台账实名登记，进一步简化补助流程，推进工作落实落细，建立长效工作机制。2022年7月，中央环保督察华东局高度肯定了龙游"浙农优品"在配方肥推广任务上的数据支撑作用，体现出数字化改革的实战实效。

三、定额施用

定额施用是在生产过程中，基于"浙农优品"对农业生产主体库的信息维护，将原本由政府端、科研单位掌握的施肥用药信息、数据及时反馈给生产主体，畅通信息反馈渠道，为农户提供施肥用药服务的场景。由土肥专家和植物医生两部分构成。

（一）土肥专家

在对全省土壤长期监测点、三区四情监测点等监测点数据分析的基础上，分析耕地质量等级、酸碱度、有机质、全氮、有效磷、速效钾等数据，研判全省土壤情况。全省发布主要粮食、经济作物化肥投入定额施用技术指南，在取土测土的基础上，省市县每年发布主要农作物主推配方。通过"浙里办"端将点位的"精准测土、科学配方"数据、不同品种作物的化肥定额制施用技术指导意见推送给生产主体，提供"一户一业一方"精准施肥服务，实现科学施肥"一键到田"（见图3-9）。

（二）植物医生

在全省建立植保监测网络，通过监测站电子设备实时监测，拍摄到虫情，图像自动识别，结合植保服务组织巡查，研判虫情发生时间，通过病虫害自动分析预警模型，提出防治建议。通过"浙里办"端将病虫发生趋势及建议推送给生产主体，提供统防统治服务组织、绿色防控经典模式等信息，指导农户科学用药，实现用药减量。同时，协同防治服务和精准指导防治业务流程数字全闭环，设置用药范围及标准，对超额施用的主体进行预警（见图3-10）。

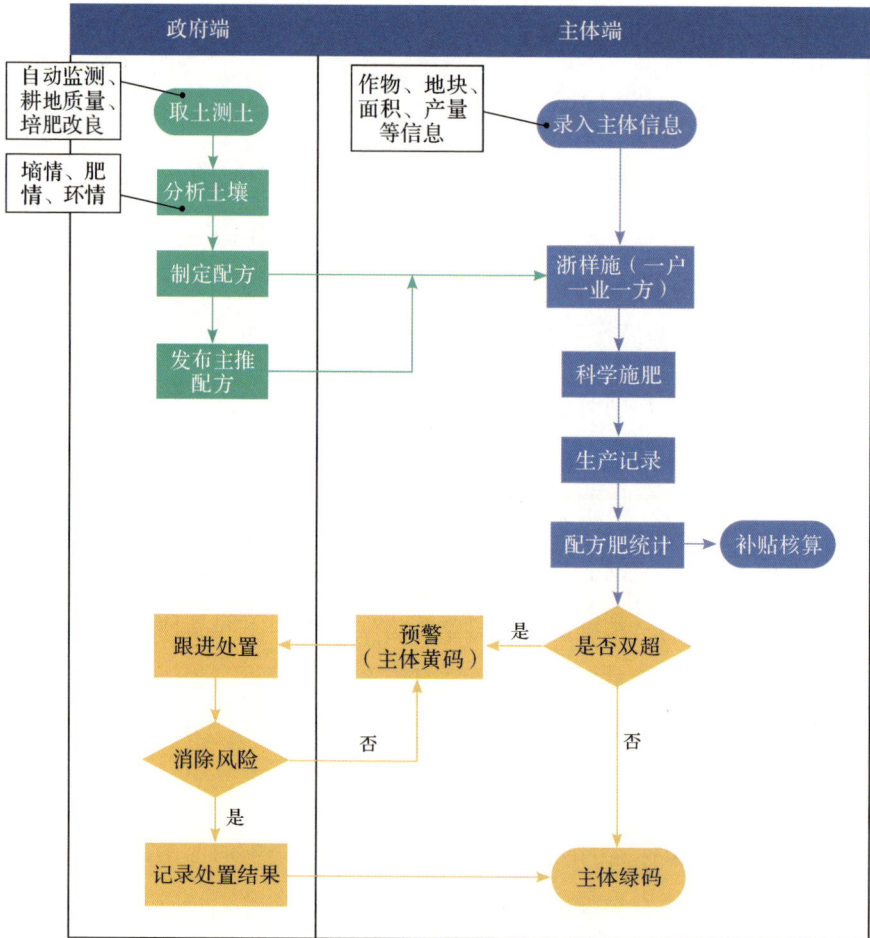

图 3-9　土肥专家流程

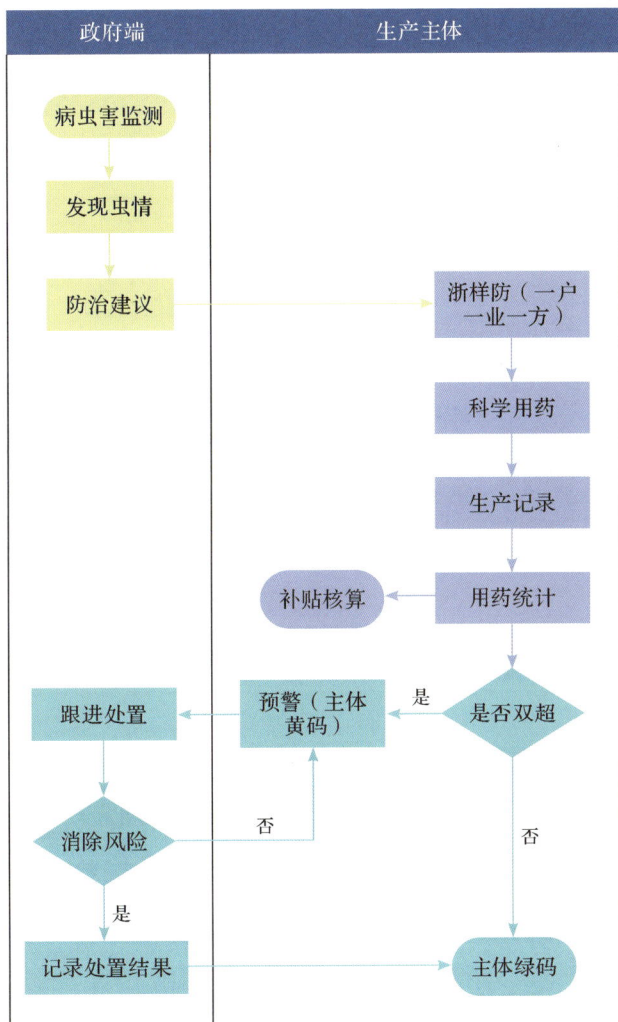

图 3-10 植物医生流程

四、质量安全

为保障农产品质量安全，从监管部门、检测机构、生产主体三端重塑农产品抽检流程，实现质量安全管理从抽检申请、上门抽样、送样检测、结果告知到预警处置的全程数字闭环（见图3-11）。

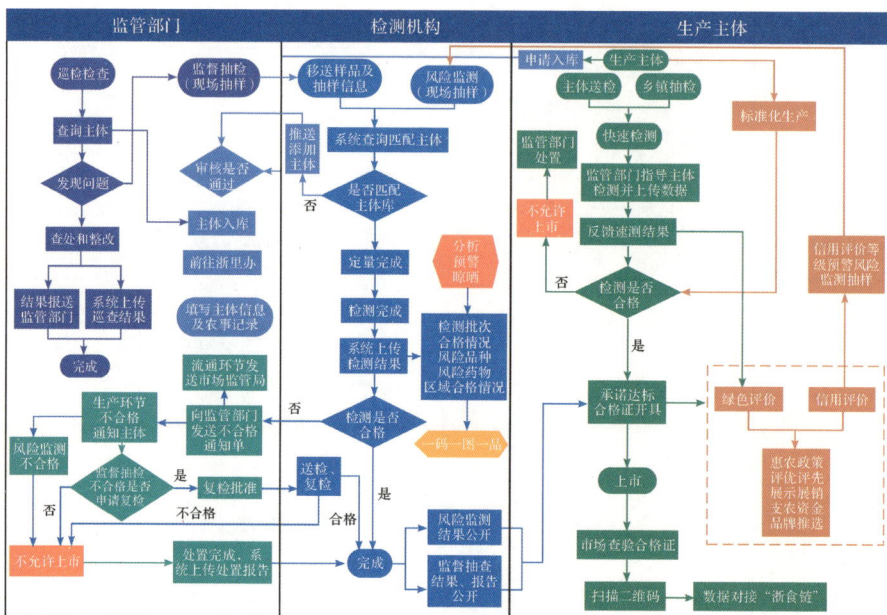

图3-11　质量安全流程

对于监管部门：省、市、县三级每年下达监测抽样任务，业务工作人员负责监测工作开展。（1）在"浙农优品"电脑端、"浙政钉"手机端上线农产品质量安全监测电子抽样模块，进一步使监督抽查抽样工作更加便捷、规范；（2）基于监测全流程闭环管理，实现使用数字化手段算清监测"一本账"；（3）通过农产品监测数据与主体数据库的动态比对、双向识别，提高合格证与产品检测关联率，提高农产品质量安全可溯源比例；（4）及时根据数据分析，研判农产品质量安全问题，找到问题出现的节点，实时检测预警，跟进问题处置；（5）通过与市场监管部门"浙食链"的打通，破除部门间数据壁垒，实现农产品质量安全监管上的高效协作；（6）叠加了农安监管员、协管员的日常巡查等工作业务，通过数字化手段，提升农产品质量安全网格化治理能力；（7）基于质量安全监测数据，建立了规模农产品生产者农产品质量安全信用档案，完善了主体绿色评价体系。

对于生产主体：主体有实现农产品优质优价的需求，也有送检产品、保证农产品质量安全的义务。面向主体开发了"浙农优品""浙里办"端：（1）可以线上申请定量检测、实时跟进办理进度，可以进行农产品生产记录；（2）检测的结果及时反馈给主体，让主体更便捷地使用检测结果，增加了农产品可追溯性；（3）主体开具的合格证可以关联监测结果，为检测合格的农产品上市提供信用证明，是农产品提升价值的基础；（4）检测结果、生产记录等信息可以线上留存，为主体申请产品认证、项目扶持提供依据。

对于检测机构：检测机构负责落实检测任务，需要及时向监管侧和主体侧反馈结果，分析风险问题，为农产品质量安全问题处置提供技术支撑。（1）在"浙农优品""浙里办"端，开放检测机构使用的端口，变线下抽检为线上抽检；（2）及时将抽检样品、检测结果匹配关联主体；（3）根据检测结果数据，进行分析、晾晒，及时发现问题。

质量安全场景还开发了农产品质量安全监测预警智能模型，将在第五章中作详细介绍。

●浙农码——主体码（农业生产主体）

农业生产主体的"浙农码"赋红黄绿三色，通过"四关联一跟进"机制，实时监管农业主体生产，通过生产记录关联主体肥药定额施用数据，通过抽检结果关联农产品质量监测，通过农业生态环境污染案件信息及耕地类识别农业生产产地环境，通过信用评级关联主体信用。出现农产品检测不合格、出现严管类地类未调整种植结构，以及信用评级为 D、E 的情况时，会赋红码。出现活跃度不达标、超范围、超限额施用肥药等情况会赋黄码。红码、黄码的预警出现后，工作人员可以线下进行现场指导，跟进问核查验，研判主体是否存在不符合绿色生产要求的行为，确认或者消除变色（见图 3-12 和图 3-13）。

图 3-12　主体码页面

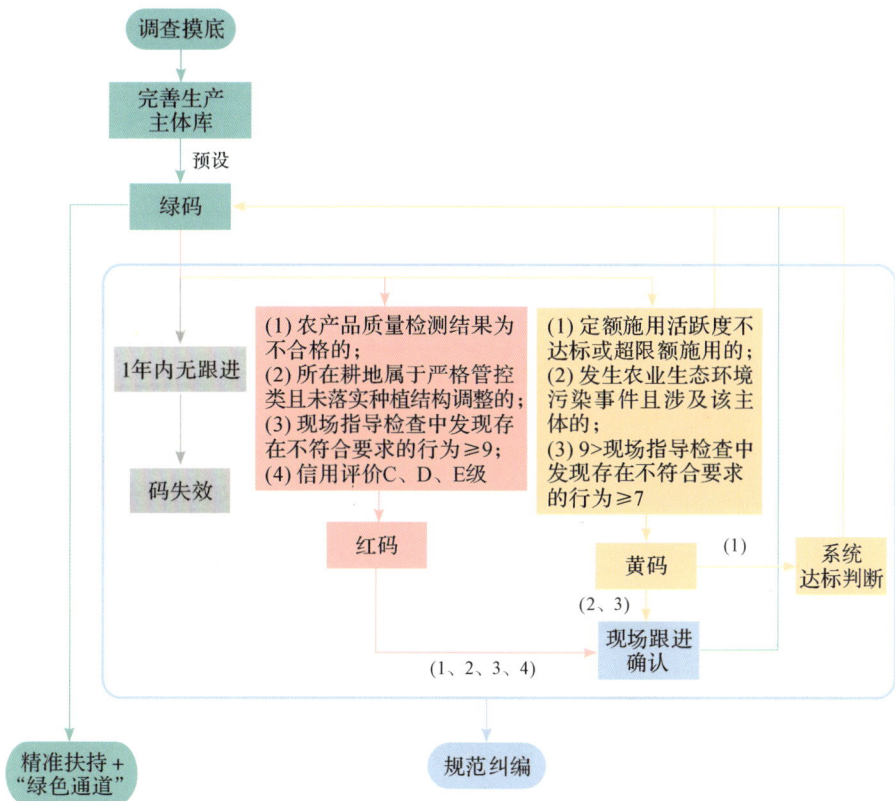

图 3-13 主体绿色评价流程

● 案例——蛙类水产品上市索证

2022 年，通过全省定量监测和速测数据，按照判定规则，进行风险识别，发现蛙类是风险产品，模型同时列出致使蛙类产品不合格的风险药物与高发的风险区域，并给出了决策建议。省市场监督管理局、省公安厅联合印发《浙江省蛙类水产品质量安全专项治理方案的通知》，并于 4 月至7 月初开展了专项整治，要求蛙类水产品必须凭检测结果开具合格证上市，推进追溯信息全上"浙食链"，实现质量安全闭环管理。

五、一标一品

重新梳理绿色食品、地理标志农产品申报流程，将线下申请流程转为线上，实现无纸化办理，并与国家金农系统对接。及时更新获证农产品信息，实现证书到期前提醒续证。将一标一品的定点服务机构、专家、培训服务等信息推送给主体，主体通过"浙里办"提交申报材料，并实时查看申报办理进度。通过关联生产记录电子台账，实现产品认证从静态的源头管控向动态的过程管理转变（见图 3-14 和图 3-15）。

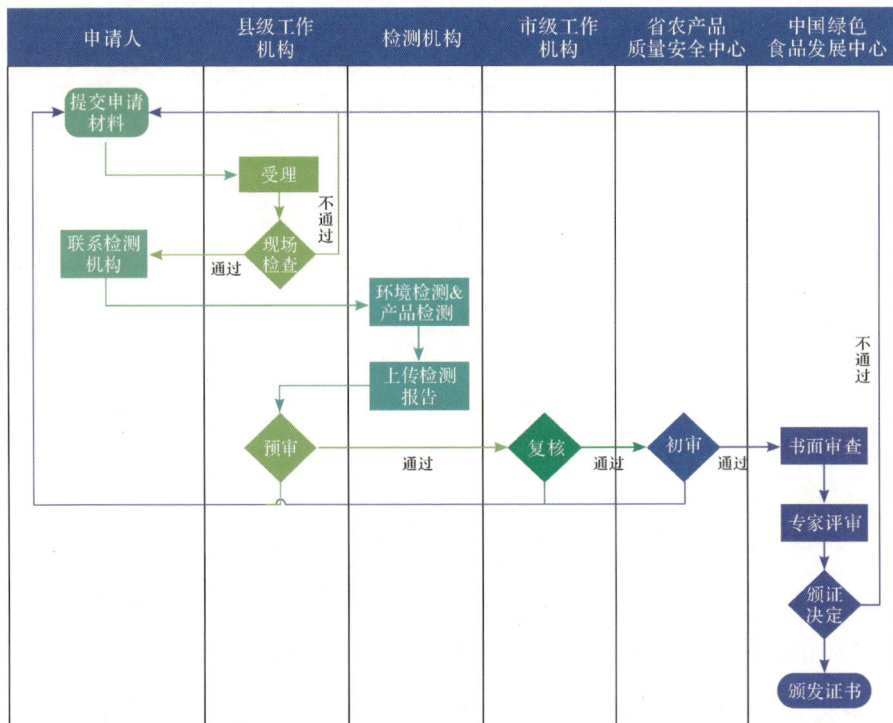

图 3-14　绿色食品认定流程

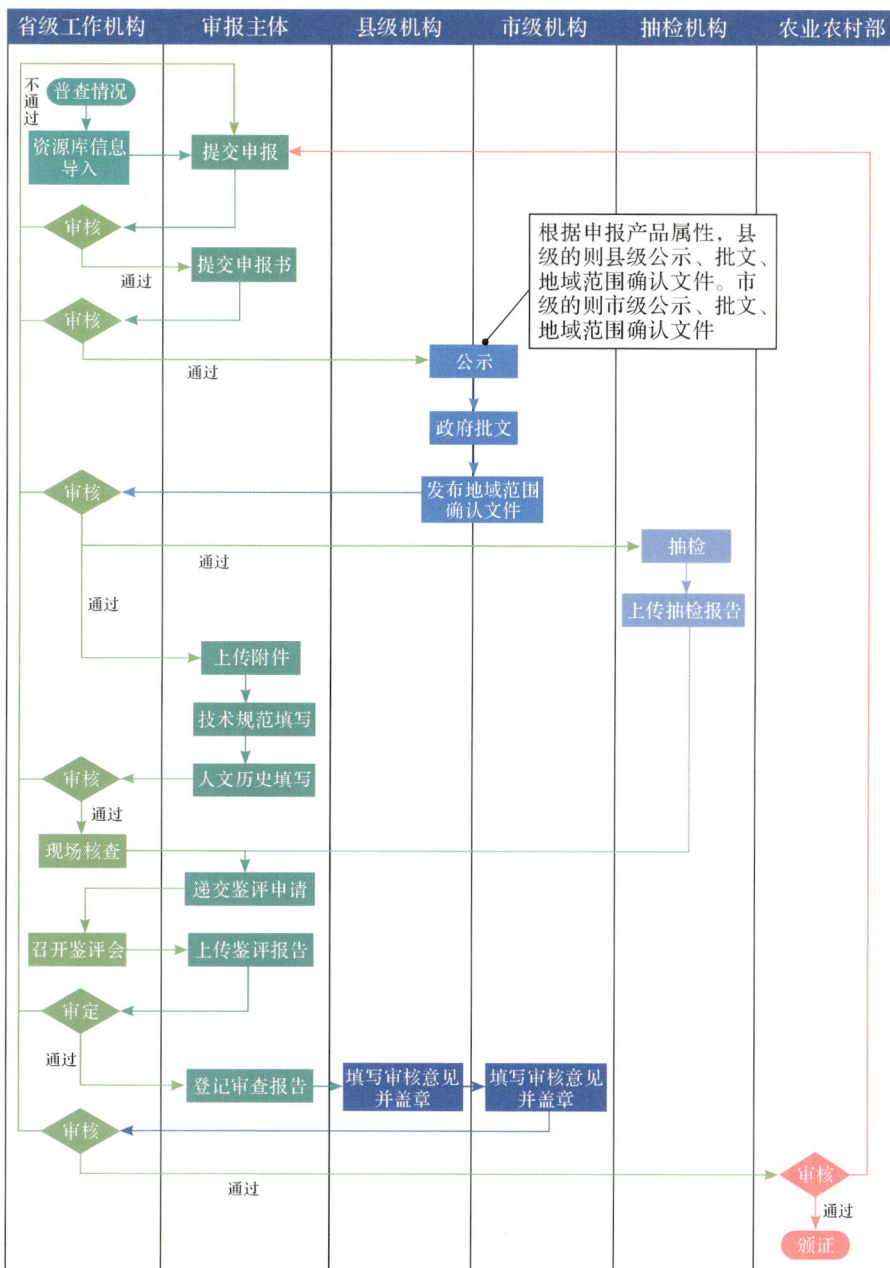

图 3-15 地理标志认定流程

六、产销对接

在前四个场景数据贯通、评价监测的基础上，应用识别优质主体推送给销售渠道，优先对接商超和电商平台、网上农博。供应链企业可以联系生产主体，并建立长期合作关系，实现绿色发展数字赋能主体优质优价。搭建供求信息平台，有求购需求的企业可以发布最新的求购信息、生产主体也可以发布供货信息，提供产销活动报名渠道，特别是蔬菜、生猪、水产等应急保供紧密相关的产业，通过市场价格监测模型，提供市场行情分析。在掌握全省各类蔬菜在田面积、产量的基础上，通过对市场价格、成本的监测，分析各地农产品每日人均占有量，分析研判供应情况，以指导地市间应急调配与应急生产，疏通供应链、构建产销桥梁。结合价格参考等功能，产销对接场景还对接了农产品共享冷库、数字货运服务（见图3-16）。

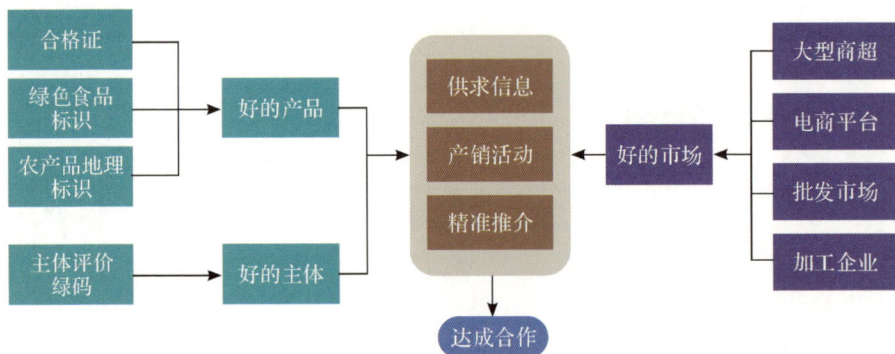

图 3-16 产销对接流程

● 案例——明康汇产销对接

全产业链企业明康汇，位于萧山的明康汇生鲜一号物流园，装配有国内第一条生鲜全自动包装分拣线，及冷链仓储全程监测系统，在 2022 年的

"春耕备耕"活动中，明康汇和绿迹举行签约仪式，拉开通过"浙农优品"搭建产销桥梁的序幕，如明康汇在 2022 年的新冠疫情中，应急保供物资550 万份。

七、农废回收

基于省市县建立的农药包装废弃物回收处置体系进行数字化升级，将农药废弃包装物回收点、归集点、处置点串联形成"三点两线"。创新"农废回收"一码贯通，依托"农废码"，建立"农废一本账"。

农废回收点将农药包装废弃物回收后，按照瓶、袋等不同类型规格进行分类打包，并核实确认农废调运信息。

农废归集点经过环评认证，要每年落实归集计划、预算额、库容信息等。归集点的工作人员前去回收点上门调运时，填写当前批次调运信息，生成"农废码"。

处置点农废处置的数据通过"浙里无废"业务系统"浙江省固体废物监管信息系统"产生，实现接口对接，处置数据及时回流至归集点。

管理人员按照市县农废回收标准，监测本区域归集主体回收调运、收贮处置、库容预警、资金补贴情况，保障农废及时处理，资金使用到位（见图 3–17）。

● 浙农码——农废码

农废码信息由农废归集点工作人员开具，登记农废的类别、数量、重量，收集农废的回收点，以及各个环节产生的补贴金额。由于农药废弃包装物属于危险废物，留存关键环节的回收数据、补贴数据，可以实现对农药包装废弃物的全过程监管。

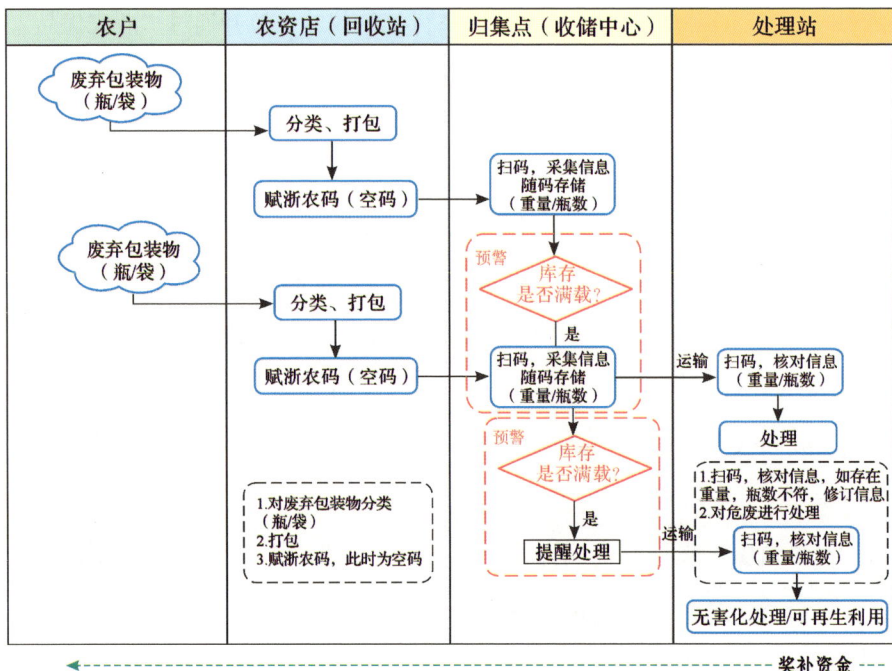

图 3-17   农废回收流程

●案例——永康市农废回收

永康市建立一个全域回收网络，"农废一本账"记录，一套回收储运处置流程，一套回收政策体系，一套农废回收工作机制。以"农废一本账"为核心，积极构建"五位一体"农废回收处置模式，助力"无废城市"建设。依托"浙农优品"应用"农废回收"模块，先行先试，细化场景，开发"农废一本账"电子台账，废弃农药（肥料）包装、废弃农膜可通过农资店进行回收，回收网点将回收信息录入，并通过"浙农优品"应用"质量安全"模块同步关联至农业生产主体端，对其农废数量进行确认和提醒，方便进行监管和统计，实现"农废一本账"。

农废回收数字化管理流程：

在"农资购买"环节自动采集售出单位农资（瓶、袋）数量；

在"农废回收"环节自动生成回收实名电子台账并有效归零推送（统计农户农废回收比率）；

在"农废核验"环节采用"二维码"的回收专用袋，开展扫码装车"远程智慧核验"；

在"购销环节"增加远程视频监控。

八、双碳账户

双碳账户场景是围绕低碳生态农场创建、建立主体碳账户两个部分展开的，运用低碳技术实现固碳减排的主体可以申请创建低碳生态农场，创建申报及评价通过"浙里办"端进行。根据浙江省推荐的低碳技术，对主体运用建设情况进行分析。建立水稻、生猪、贝藻的碳账户核算模型，进行主体碳账户一键核算，并接入衢州、舟山等地方特色碳账户场景（见图3-18）。

● 浙农码——碳账户码

进行农场碳排放量核算的单位，根据排放量核算结果，形成碳账户码。碳账户码展示了四个方面的数据：农场总排放、中和数据；单位面积、单位产量的排放、中和数据；碳源结构占比；农场排放数据与本区域内平均值的比较。"浙农码——碳账户码"赋四色：深绿、浅绿、黄、红，依据碳账户评价管理标准，根据减排固碳效果进行四色赋码管理。

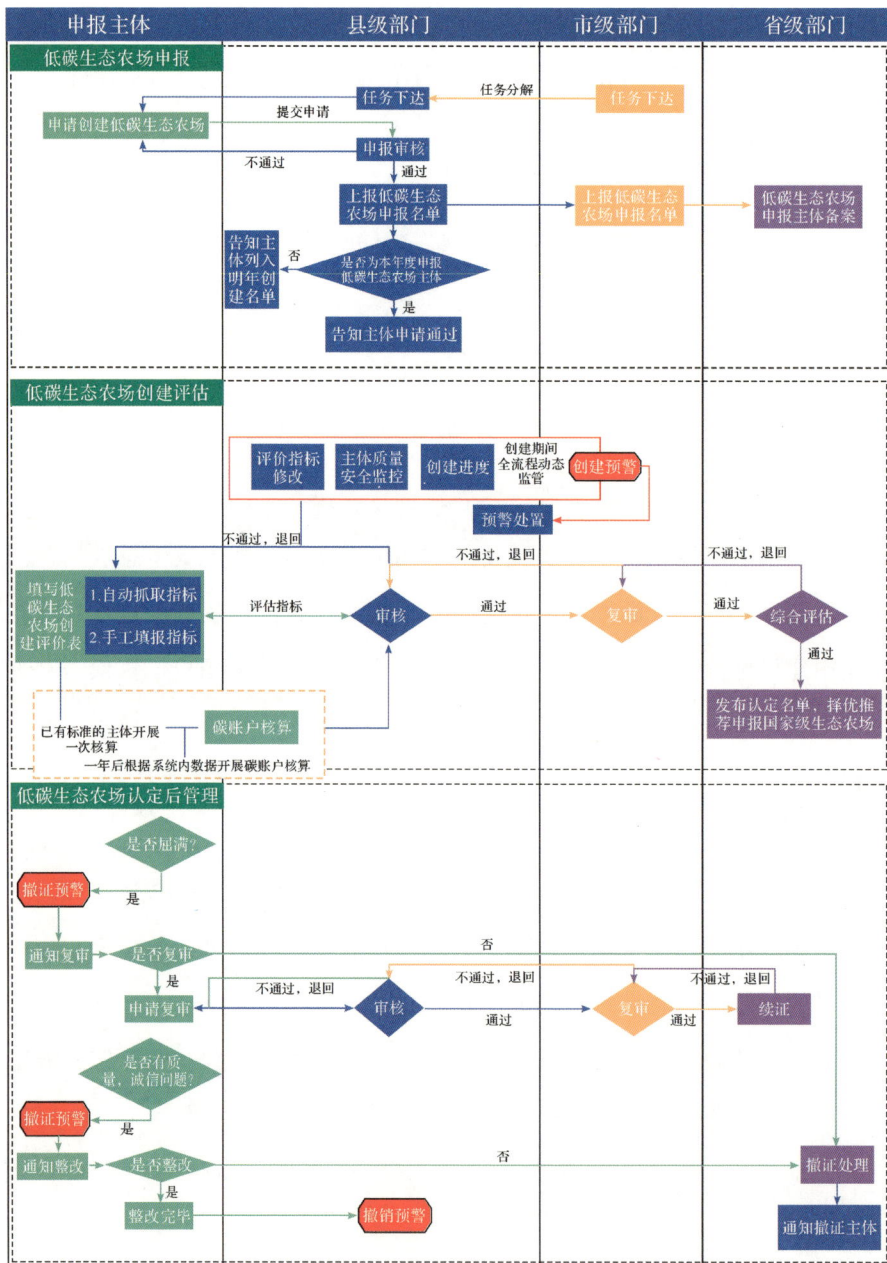

图 3-18　双碳账户流程

●案例——衢州农业碳账户

衢州市以新一轮"部市共建"农业绿色发展共同富裕先行市为契机，深化与农业农村部生态总站以及中国农业大学张福锁院士团队的合作，共谋共建农业碳账户。2021年12月30日，正式发布全国首个农业碳账户地方标准，探索低碳技术模式。先行先试建设农业碳账户驾驶舱，与省级"浙农优品"应用互联互通，动态获取农业企业碳源、固碳的全流程数据。基于碳账户模型，实时呈现数据源及数据流，实现碳足迹一网跟踪、碳排放一键核算、碳监测一码评价，结合农业碳账户核算结果与低碳农业生产技术，形成四色贴标管理办法，以农业碳账户为抓手，重塑涉农政策体系，使政策靶向更准确。

第四节 用户端口

一、"浙里办"端

"浙里办"是浙江省统建的"一网通办"平台，是广大使用者日常使用的端口，是数据产生的核心。"浙农优品"在"浙里办"端上线农业生产主体、农资经营主体、农废归集点管理人员、抽检机构4类主体业务办理页面，还为申报低碳生态农场的主体开通了特别入口（见图3-19）。

（一）农业生产主体

农业生产主体的页面主要由"主体名片""操作页面"两部分组成（见图3-20）。

主体名片是农业生产主体信息集成的页面，由主体基本信息、主体绿色发展评价信息、"浙农码—主体码"三部分组成。

图 3-19   "浙农优品""浙里办"端首页

图 3-20   农业生产主体首页

操作页面集成农事操作、质量安全、技术服务、产销对接四个方面的信息操作。

农事操作主要是农业主体用来维护种植信息、制定种植计划，日常做生产记录的模块，可以维护产品信息、地块信息、主体人员信息；农资库里同步了生产主体从农资店实名购买的化肥和农药；可以添加施肥、用药，以及用能信息等生产记录。

在质量安全中，生产主体可以开具"三合一"的"浙农码—产品码"，可以将产品抽检申请，绿色食品、地理标志农产品的认证申请的信息提交给管理人员。

● 浙农码—产品码

浙江省"三合一""浙农码—产品码"已经替代农产品合格证条形码，提供给消费者更丰富的农产品追溯信息。"三合一"是指合格证、绿色食品、地理标志农产品信息统一汇集到产品码上，在传统合格证的承诺信息、重量、开具日期、单位、信用等级、单位信息、联系方式的基础上，产品码会自动关联显示主体基本信息，可以选择添加优品推荐、种植记录、销售记录、监管记录，产品定性检测、定量检测的数据（根据农产品上市要求关联）。同时消费者可以看到当前农产品的绿色食品、地理标志农产品信息（见图3-21）。

图 3-21 产品码页面

在技术服务中，生产主体可以获取精准施肥、病虫情报、植保服务组织、产业专家团队等技术服务信息。

在产销对接中，可以报名参加产销活动，发布求购信息，将优质农产品推送给供应链企业、电商平台、网上农博等优质销售渠道。

（二）农废归集点

农废归集点工作人员可以通过"浙里办"登录农废主体，开具农废码，查看当年度的库容信息、补贴信息，并可以接收处置点的出库量回流信息。

（三）农资经营主体

农资经营主体在"浙里办"端主要是查看功能，购销记录主要还是通过 PC 端"浙农优品——农资购销模块"完成。可以查看农资进货、销售和库存记录，可以对农资店农资库、工作人员等进行管理。

（四）抽检机构

第三方抽检机构人员可以查看本机构的几类检测任务，可以开办电子抽样单，在抽样任务中，可以动态增补主体。可以查看抽样报告以及本机构的检测情况统计等。

二、"浙政钉"端

"浙政钉"是省统建的"一网通管"的政务侧工作平台，手机端方便条线工作人员使用。主要包括查询、预警、画像、办理四大功能模块（见图 3-22）。

查询是对所辖区域内农业主体、农资店进行数据信息实时掌握的模块，主体激活情况、主体码预警的情况会在首页出现。

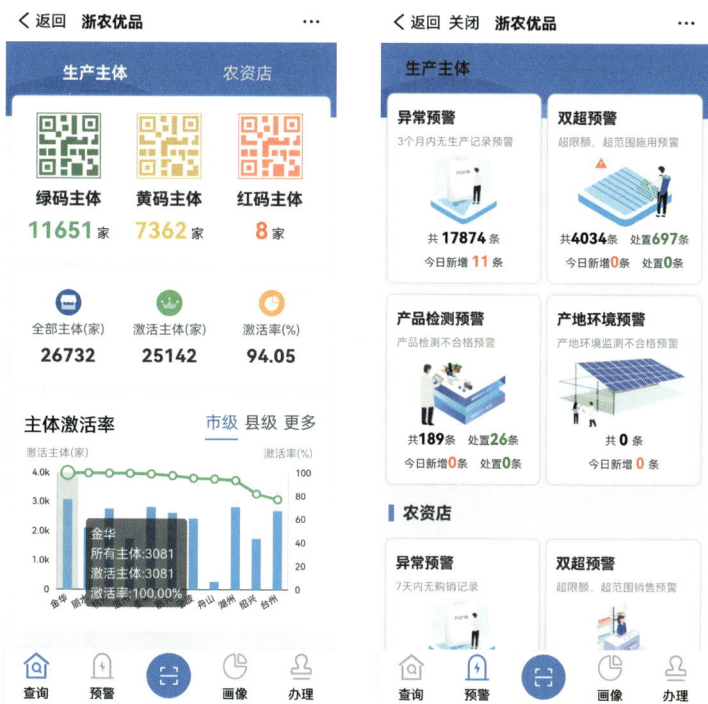

图 3-22 "浙农优品""浙政钉"页面

预警主要是对本区域内生产主体的四类预警、农资店的两类预警查看、处置的模块。其中生产主体施肥用药超限额、超范围，农产品检测不合格，以及农资店销售肥药超限额、超范围，均需要跟进处置。工作人员接收预警信息后，经过现场核查、上门服务后，可以撤销预警。

画像是对年度工作任务推进情况的市县比拼晾晒说明，例如开具产品码画像、生产主体激活情况、生产主体入库情况、农资经营主体覆盖情况、主推配方肥工作推进情况的晾晒等。

办理则是基层工作人员各类服务在线办理的模块。上门服务可以添加各类日常巡查以及主体预警跟进处置信息；产品检测可以跟进主体提出的检测办理进程。此外，工作人员还可以办理一标一品受理、农废回收业务处理、监督抽查开单办理等。"浙政钉"端的业务操作数据也会汇集到"浙农优品"驾驶舱。

三、PC 端

为了方便农资店、生产主体在电脑端的使用，在原有两个系统的基础上，迭代升级了农资购销模块 PC 端服务侧。

浙农优品——农资购销模块

农资购销模块是供农资店经营者在店内电脑上便捷操作，记录购销台账开设的端口（见图 3-23）。

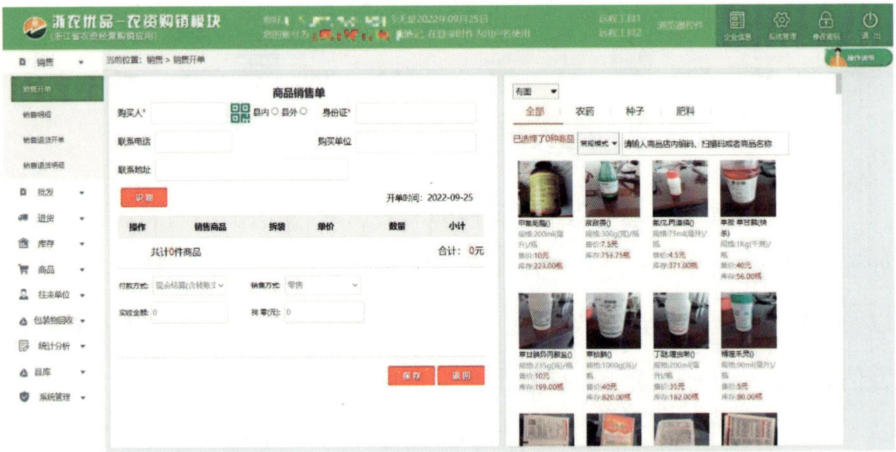

图 3-23　浙农优品——农资购销模块页面

农资购销模块默认在销售开单页面登录，经营者在农资店内可以通过扫描"浙农码——产品码"、个人身份证信息，以及人脸识别等方式记录实名制信息；可以通过点选图片、输入或扫描店内码、输入农资商品名等方式记录肥药信息，结算后形成一笔实名制的销售记录。模块为经营者提供记录销售、批发、进货、库存、包装物回收开单的功能，往来单位管理方便经营者记录业务往来较多的购销单位，农资商品库和县库可以方便经营者快速找到销售的农药、肥料、种子、饲料，并且汇集了肥料的成分等信息，还提供了统计分析、人员管理等服务功能。

第四章

"浙农优品"的能力建设

第一节　业务数据

一、数据的内涵及分类

（一）数据的界定及相关辨析

数据不是简单的数字或数字构成，其范畴比数字要大得多。数据是客观存在的，是以语音、文字、图像等作为载体存储的内容。对于农业领域而言，无论是广大农业主体工作人员在进行日常农事操作时产生的施肥用药数据还是政府职能部门推送给农业主体的飞防植保相关视频、手册等，都属于数据。"浙农优品"在投入使用过程中已经归集大量数据，包括农业生产数据、农资购销数据、农产品销售数据等。

数据和信息也是有差别的，信息是有用的数据，信息是关于世界、人和事的描述，它比数据更加抽象，人们通过对数据进行提取获取信息，数据是用来承载信息的载体，是反映客观事物属性的记录，是信息的具体表现形式。但并非所有的数据都承载了有意义的信息，数据本身是日常生活生产过程中产生的，属于人造物，因此也可以被随意制造，甚至可以被伪造。这些伪造的数据并没有意义，甚至对最终获取正确的信息造成负面影响，被称为"脏数据"，在数据处理过程中，需要将这部分数据进行剔除。

（二）"浙农优品"的数据及分类

"浙农优品"汇集的数据，按照对象、行为、规则和服务要素分成主体数据、农资数据、过程数据、规则/标准数据、要素服务数据五大类，为方便数据维护和管理，建设驾驶舱"浙农优品管理后台"，对各类数据进行日常维护和管理（见图4-1）。

图4-1 "浙农优品管理后台"页面

1.主体数据库

主体数据主要存放在主体库中。其主体主要包括农产品生产主体、农资经营管理主体、农产品加工主体、农产品服务组织、农废回收主体及双碳账户主体等。其中，应用最主要的两大主体为农产品生产主体和农资经营主体。

（1）农产品生产主体，入库"浙农优品"的生产主体主要是经工商注册登记的农业生产企业、农民专业合作经济组织、家庭农场等规模农产品生产者及符合浙江省农业农村厅、浙江省林业厅、浙江省海洋与渔业局印发的《关于其他具有一定规模农产品生产者的认定标准（试行）》的主体。在数据存储方面，主要存储主体基本信息、主体人员、产地数据、测土数据、进销用跟踪数据、农废包装废弃物跟踪数据、主体评价数据等七大数据类目信息。具体存储字段如表4-1所示。

表4-1　农产品生产主体主要存储字段说明

	生产主体基本信息：农业生产主体基本的信息，保证和工商部门营业执照一致
1	主体名称
2	统一社会信用代码（营业执照号或身份证号）
3	主体类型：种植业|渔业|畜禽业
4	详细地址：××省××市××县（区）××镇（街道）××村××
5	地理坐标：经纬度
6	法定代表人及身份证号
7	主体类别：农业企业|农民专业合作社|家庭农场|其他规模主体
8	种养产品：种养品种、产业分类、生产规模、预计年产量等
	主体人员：经营和管理该主体的基本人员信息
9	姓名
10	身份证号
11	联系方式
12	类别权限

续表

	产地信息：农产品生产主体的基本地块（塘口、栏舍）及地块主要生产产品信息
13	地块信息：地块名称、面积、产品名称、产品分类、种植周期、目标产量、责任人
14	塘口信息：塘口名称、面积、产品名称、产品分类、养殖周期、目标产量、责任人
15	栏舍信息：栏舍名称、面积、产品名称、产品分类、养殖周期、目标产量、责任人
	测土数据： 农产品生产主体的基本地块测土数据信息及基于测土数据推荐的施肥用药量
16	有机质
17	全氮
18	有效磷（P_2O_5）
19	速效钾（K_2O）
20	酸碱度
21	根据测土数据推荐的施肥用药信息：产品名称、地块、推荐施肥（量）、用药（量）
	进销用跟踪信息： 农业主体投入品（主要是肥药等农资）购买量、库存量及各地块使用量
22	投入品采购信息：采购时间、采购农资店、投入品名称、购买量
23	投入品库存信息：投入品名称、现有库存量
24	地块投入品信息：投入品、投入量、投入时间、投入地块、在产产品
	废弃物包装回收信息：农废包装回收的记录
25	回收记录：回收农资店名称、包装物、规格、提供人及身份证、回收时间
	主体评价数据：四关联一跟进主体监测评价数据
26	肥药定额施用活跃度和双超预警情况
27	产品质量检测情况
28	产地环境监测情况
29	现场指导监测情况

（2）农资经营主体，主要是浙江省内经工商注册登记的在册农资店，包括一级批发商及零售商，存放于管理后台主体库的农资经营主体库中，其存储的数据主要包括农资经营主体基本信息、进货记录、销售记录、库存记录等四大数据类目信息。具体存储字段如表4-2所示。

表4-2　农资经营主体主要存储字段说明

农资经营主体基本信息：农资经营主体的基本信息，保证和工商注册信息一致	
1	农资店代码
2	经营类别：一级批发商|零售店
3	农资店名称、农资店简称
4	详细地址：××省××市××县（区）××镇（街道）××村××
5	地理坐标：经纬度
6	法人代表及身份证号、联系电话、手机
7	主体类别：农业企业|农民专业合作社|家庭农场|其他规模主体
8	经营规模：员工数量、经营面积、仓库面积等
进货记录：农资店进货记录	
9	肥料进货记录：农资产品、类别、时间、数量、规格、生产企业、县内外、供应商
10	农药进货记录：农资产品、类别、时间、数量、规格、生产企业、县内外、供应商
销售记录：农资店销售记录	
11	肥料销售记录：农资产品、类别、时间、数量、规格、生产企业、县内外、购买人、购买人身份证号、销售方式
12	农药销售记录：农资产品、类别、时间、数量、规格、生产企业、县内外、购买人、购买人身份证号、销售方式
库存记录：农资店当前库存农资存量	
13	肥料库存：农资产品、类别、数量、规格、氮磷钾配比、生产企业
14	农药库存：农资产品、类别、数量、规格、重量、生产企业

2.农资数据库

农资数据库为"浙农优品管理后台"农资库数据，主要用于存储"浙农优品——农资购销模块"中农资批发零售商在日常交易过程中产生的农资商品信息，包括肥料和农药两大类。其中肥料存储字段为：农资产品通用名、类别、规格、生产企业、氮磷钾配比、备案农资店信息等；农药存储字段为：农资产品通用名、类别、规格、生产企业、备案农资店信息等；

3.过程数据库

过程数据库主要存储围绕农产品从田间地头到餐桌全流程产生的数据，按照"浙农优品"肥药购买、定额施用、质量安全、一标一品、产销对接、农废回收、双碳账户七大场景进行分类存储。

肥药购买过程数据的产生对象主要包括农资经营主体产生的进货数据，农资经营主体和农业生产主体共同产生的农资（化肥、农药）交易数据，基层业务干部进行日常农资店巡检产生的执法监管数据等三大类数据。

定额施用过程数据的产生对象主要包括农业生产经营主体进行日常施肥用药等农事操作数据和政府部门对耕地进行取土测土，按照定额施用标准制定施肥主推配方，为农户提供"一户一业一方"的个性化配肥服务的电子台账数据等。

质量安全过程数据的产生对象主要为农业主体和基层执法监管人员，主要包含的数据为农产品上市前由农业主体开具的食用农产品合格证数据和监管人员进行的定性、定量检测数据。

一标一品过程数据是绿色食品和地理标志农产品认定和日常监管产生的数据。在认定申报中，包括申报材料、申报状态、审核人员等数据。在日常监测过程中，主要包括质量抽检监测、现场巡查记录、年检审查数据等。

产销对接过程数据主要为产销交易数据、产销活动数据和市场价格监测数据三大块。产销交易数据包括：“浙农优品”生产主体与大型商超、广大消费者产生的销售数据，例如与供应链企业“明康汇”进行合作的农业生产主体供货数据，在“网上农博”上进行线上平台交易的交易数据和售后评价数据。产销活动数据主要是各地政府组织开展的如“海曙区古林米食文化节”等产销活动数据，市场价格监测数据则主要为对浙江全省蔬菜、生猪、水产三大类的批发、零售等价格行情监测的数据。

农废回收过程数据主要是浙江省推进农药包装废弃物回收工作过程中由农废归集点、回收点等产生的数据，包括回收点基于赋码规则产生的“浙农码”（农废码），通过扫码可以查询到的对应批次废弃物回收网点、类型、数量和重量等数据。

双碳账户过程数据目前主要是低碳农场生产过程碳排放核算的基本数据，包括水电、投入品使用量等和开展创建低碳生态农场的各申报主体申报、监督巡检数据。

4. 规则库 / 标准库

标准库 / 规则库主要存放“浙农优品”相关业务开展过程中的评判标准、预警规则等，主要包括绿色主体评价、农资店三色码规则、一标一品撤证预警规则、农废回收库容预警规则等。针对不同业务场景的所有标准、规则都在该库存储。比如：主体绿色评价标准主要服务于浙农优品库中农业生产主体，通过该标准进行主体监督管理，主要包括生产主体用药超范围预警 / 超限量预警、生产主体活跃度预警、产品质量监测、产地环境监测、主体信用登记、现场跟进规则等，从而实现对主体的“四关联一跟进”三色码管理。

5.要素服务数据库

"浙农优品"基于农民、市民、市场、政府等四类主体、12项需求，提供相应业务服务，主要包括农资购销、施肥用药、一标一品、产销对接等六大类服务，这些要素服务相关数据存储于要素服务数据库中。具体服务要素及相关数据如表4-3所示。

表4-3 浙农优品要素服务说明及相关数据

序号	服务类型	具体服务类目和数据
1	农资购销服务	化肥、农药等农业投入品当前市场价格、附近农资店基本信息、大型供货商信息等
2	土肥专家服务	浙样施、主要农作物肥料主推配方数据
3	植物医生服务	病虫监测、绿色防控等服务数据
4	一标一品服务	一标一品相关检测机构、业务专家、培训机构等数据
5	产销对接服务	产销活动、市场行情、供求信息、共享冷库、金融服务、物流信息等数据
6	上门服务	质量安全上门检测、飞防植保上门服务等数据

二、数据的采集与清洗

数据主要服务于信息，为保障"浙农优品"数据质量，从而获取正确的有价值的信息，为决策提供建议，应用通过四大手段保障数据真实有效，保证数据质量。

（一）统一数据采集口径

作为高效集成改革重大应用，在强大的功能背后拥有庞大的数据支撑体系，而不同的数据类型由不同的主体在不同场景环境下产生。在应用服务对象、业务环境都不一致的情况下，如果由多个应用进行单一业务的服务，既加重服务对象日常数据维护的工作量，又造成数据多口径流入，无法进行数据标准化、统一化管理。对此，"浙农优品"对数据口径进行统一，具体如下。

1. 基于服务对象，两端双口径管理。

除农资经营主体的日常维护需要通过"浙农优品——农资购销模块"进行台账录入外，其他所有业务场景都可在浙里办、浙政钉两端进行日常工作开展和数据维护。例如：针对浙里办端"浙农优品"，农业生产主体工作人员可以实现农事操作日常登记，农产品服务抽检机构的抽检人员可以进行农产品日常检测登记；农废归集点主体人员可以进行日常农废归集工作登记和录入。针对浙政钉端"浙农优品"，市县各业务条线管理人员可以进行一标一品的受理，对农业主体、农资店进行三色码监管，完成低碳生态农场项目申报业务审批等。

2. 基于主体类型，跨处室同规则管理。

在农业生产主体方面，"浙农优品"通过主体类型，将农产品生产主体主要分为渔业主体、畜牧业主体和种植业主体三大类，其中渔业主体通过浙江省农业农村厅水产推广站开发的渔业产业大脑"浙农渔"应用直接对接，畜牧业主体通过浙江省农业农村厅畜牧发展中心开发的畜牧产业大脑"浙农牧"应用直接对接，而种植业主体则直接通过"浙农优品"进行维护。通过统一的数据对接规则，将农业生产主体的日常监督管理工作细化到各业务处室各自针对性业务条线和相关应用，从而既保证了主体的统一管理，又实现了各产业类型的针对性管理。

3. 基于地方特色，统一口径无损接入。

之前在肥药两制数字化改革中，部分市县已经较早开展并开发相关地方特色应用，比如杭州、宁波、温州等地部分市县。"浙农优品"针对拥有自建系统的市县，编写了《浙农优品数据对接指南》，规范数据对接标准，从而在保证地方特色创新的前提下，在避免重复推广应用的基础上，实现对自建系统、特殊应用的相关数据无损化接入"浙农优品"。而对于省供销社旗下农资店，由于已经使用集团内部自建系统农资购销应用，为避免农资店一笔账需要录两个应用的问题加重农资店工作人员工作量而违背数字化改革解放生产力的初衷，"浙农优品"同样通过《浙农优品数据对接指南》直接与省供销社自建系统进行数据对接，将自建系统农资购销数据实时传入浙农优品农资库中，实现对农资店日常监管。

（二）引进自动采集技术

随着农业现代化的不断推动，计算机物联网技术、神经网络图像识别、机器学习技术等被大量应用于农产品的种植（养殖）、施肥、采摘（捕捞）、加工、运输、销售、消费全流程中，既解决了农业领域当前技术人才紧缺，人力成本高的困境，又有效实现了农产品生产的提质增效。"浙农优品"联合农业科技公司，应用数字化技术，实现对全产业链全流程数字化改造，通过物联网、图像识别等技术，对数据进行精准采集。具体采取的技术如下。

1.物联网技术

物联网是通过射频识别（RFID）、红外感应器、全球定位系统（GPS）、激光扫描器等设备，按照约定的协议，把物品与互联网连接起来，进行信息交换和通信，以实现智能化识别、定位、跟踪和管理的一种网络，其基本特征为全面感知、可靠传送和智能处理。农业是物联网技术的重点应用领域，在农产品产供销全流程都有应用，数字农业工厂通过物联网技术实现农产品现代化种植/养殖，大型商超农资批发单位通过物联网实现物流追溯等。例如：浙江绿迹农业科技有限公司应用物联网技术，通过各种信息传感设备和信息智能感知系统（如 RFID、GPS 等），实现对温室大棚的温度、湿度、光照度、土壤含水量等进行数据采集，构建农业生态环境监测系统。"浙农优品"打通与数字农业工厂自有系统数据壁垒，实现数字农业工厂数据的实时上传，进而完成数据采集。

2. 机器视觉技术

机器视觉技术的基本原理是利用图像传感器获取检测对象的视觉信息，通过图像采集卡将图像信息传输给计算机，再经由图像预处理、特征信息提取和数据分析等工作，最终输出图像识别检测结果。当前对化肥农药要求实名制购买，购买人身份信息需要输入"浙农优品——农资购买模块"，考虑到部分农资店经营管理人员年龄较大，电子台账录入操作困难的问题，"浙农优品"应用机器视觉技术，利用人脸识别，对购买人的人脸图像基于生物特征识别技术进行识别，自动输入身份证号码，实现肥药购买一刷就行，既有效提升了身份证录入精准性，又进一步减轻了农资经营主体操作压力。

（三）开展数据关联核验

"浙农优品"通过流程再造，实现业务流与数据流协同；对现有业务流程进行优化，实现业务闭环，加强业务数据之间的关联性，倒逼相关主体在进行数据录入时要保证数据的真实有效。具体主要从农产品上市、一标一品认证、低碳生态农场申报、销售渠道拓展等方面进行。

1. 推行农产品上市索证：在批发市场、大型商场中试点推行入市索证制度，要求农业生产主体在农产品上市前必须开具合格证，合格证开具与产品检测结果强关联，对检测结果不合格的农产品不予开具合格证。目前合格证主要以产品码"浙农码"形式通过"浙农优品"浙里办端开具，其

产品码除了包括核心的合格证信息，还包括产品主体信息、生产记录信息等，而这些信息也是消费者关注的信息，这就倒逼相关生产主体人员通过浙里办端"浙农优品"进行该农产品日常农事操作的详细录入和登记、主体信息的精准录入和日常维护。

2. 实现认证线上无纸化申报：通过对一标一品、低碳生态农场申报进行现有线下业务的流程化梳理和调整，实现线上无纸化申报，将申报数据直接与"浙农优品"主体进行关联，比如农产品检测数据、生产数据等。对检测不合格的、没有生产记录的不予受理申报，倒逼相关检测人员、农业主体慎重对待数据填报和信息录入。

3. 规范产销对接优质生产主体标准：截至2022年8月21日，浙农优品通过构建产销桥梁，为全省1320家30亩以上的蔬菜基地搭建大型商超对接渠道。在对接过程中，规范了优质生产主体标准，要求必须为浙农优品库中的绿码主体，这就要求主体必须拥有详细的农事操作记录，且在施肥用药过程中不存在超范围超限额施用的情况，从而形成倒逼机制，确保数据录入准确性。

（四）建立数据清洗机制

"浙农优品"除了在数据输入端通过运用信息化设备保证数据质量，在管理后台同样通过计算机技术实现后台数据的二次清洗，通过应用界面提醒、手机短信提示等告知相关工作人员进行数据核查，提高数据质量。当前主要是对农业生产主体和农资店经营主体数据及农资购销过程数据进行后台的清洗，具体如下。

1. 农业生产主体与农资店经营主体数据清洗

为确保农业生产主体和农资店经营主体数据的准确性，保证其和工商注册登记信息相一致，从而保障数据之间的强关联性，浙江省农业农村厅办公室于2022年1月29日下发《关于进一步做好"浙农优品"数字化升级有关工作的通知》，要求动态更新追溯主体数据库，及时清退僵尸账号，补录新增主体。为配合工作开展，在应用后台对相关重要数据进行二次审核，对不符合规范要求的，比如统一社会信用代码填写不正确的，直接进行提醒，并不予录入。同时通过算法对现有主体库中主体进行数据筛选，对未填写市县信息、经纬度数据等必要数据的主体，让相关工作人员通知其进行核查修正。

2. 农资购销过程数据清洗

当前农资购销过程数据主要来自"浙农优品——农资购销模块"和省供销社旗下浙农集团自建系统。虽然两个系统在对一些不符合规范的输入操作在录入时就进行了提醒和驳回，但仍然存在单位、数量输错的问题，比如单位克填成千克，导致最终统计结果与实际偏差较大。"浙农优品"在前期市县反馈相关问题后及时进行后台农资购销过程数据的核查，设置数据预警地方判断标准，实现对输入数据审核，对异常数据进行判断预警。图4-2为管理后台数据预警判断标准界面，市县管理人员可以基于实际情况进行调整，以第一条为例，当购销记录中农药产品规格超过50千克就会进行预警。系统会将预警短信发送给相关市县审核人员，审核人员通过管理后台数据预警模块（见图4-3）对农资购销记录进行审核，从而保证数据质量。

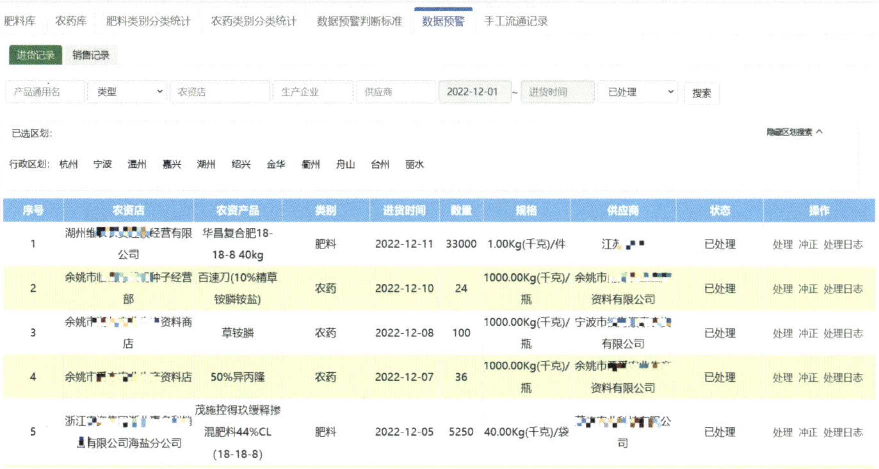

图 4-2　"浙农优品管理后台"数据预警地方判断标准

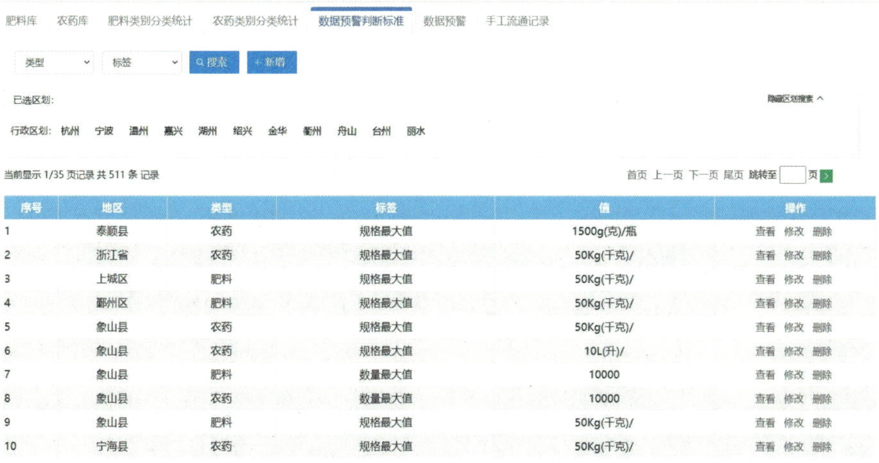

图 4-3　"浙农优品管理后台"异常数据处置界面

三、数据的应用和功能

　　数据的大量汇集是数字化改革业务线上化办理的结果，同样地，这些汇集的数据，通过分析处理，成为有价值的信息，进而实现对农产品生产制造流通消费各个环节的监测预警，也为日常业务工作开展提供数据支撑，并为后期知识组件、知识图谱等智能化工具制作提供数据基础，进而更好地推动数字化改革工作。

（一）实现农产品全链条监测预警

"浙农优品"主要是"一舱两端"架构模式，通过浙里办、浙政钉两端作为数据输入端口实现数据汇集，而驾驶舱更多应用在对汇集数据进行信息提取后的可视化展示。驾驶舱作为业务看板，实现数据展示，帮助领导作出决策。按照七大场景划分，在监测预警方面，主要实现以下七大模块的监测预警。

1.农资经营主体监测预警（见图4-4）：肥药购买模块针对农资店，进行了三色码预警，对没有销售记录的农资店赋红码，对5天内无销售记录的赋黄码；作为辅助工具，协助市县管理人员加强对购销台账的数字化管理，深入推动实施农药实名制购买电子记录。

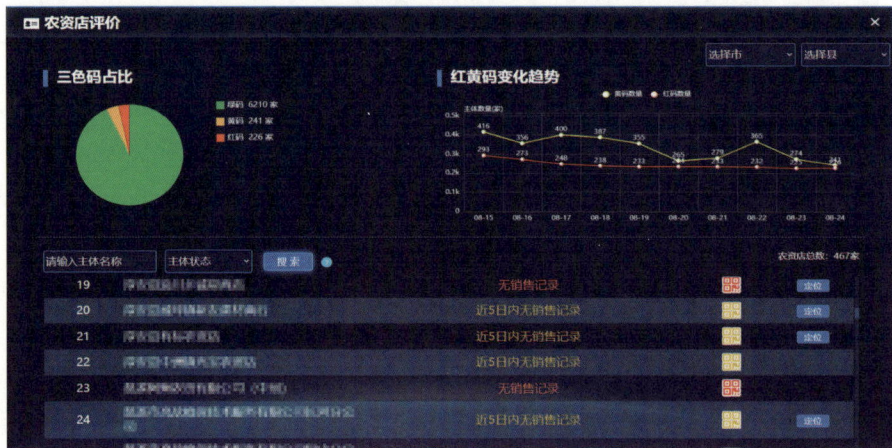

图4-4　"浙农优品"农资经营主体监测预警界面

2.农业生产主体监测预警：该监测预警功能主要是对农业生产主体进行"四关联一跟进"三色码管理（见图4-5），实现农产品源头安全生产监管，如有农产品检测不合格，直接对相关主体赋红码（见图4-6）。

图4-5 "浙农优品"农业生产主体"四关联一跟进"三色码管理赋码规则

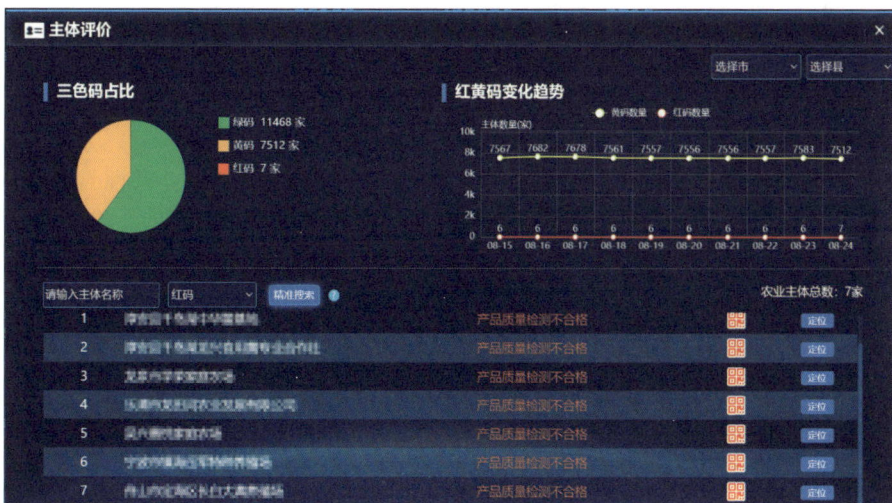

图4-6 "浙农优品"农业生产主体三色码展示界面

3.质量安全监测预警：通过对全省农产品抽检数据进行汇总，实时反映当前抽检不合格率较高的风险农产品，协助执法人员对风险农产品做后续闭环处理，如有必要，进行专项整治。

4.一标一品生产主体监测预警：主要是对农产品地理标志和绿色食品获证主体进行实时监测，对存在农产品检测不合格的主体进行监测预警和及时提醒，必要时给予撤证处理。

5.农产品市场价格监测预警："浙农优品"对蔬菜在田面积、市场价格进行监测预警，作为辅助决策依据，帮助政府人员实时掌握农产品市场数据，做好疏通供应链、构建产销桥梁工作。

6.农废回收库容预警：通过前期对农肥回收点库容量的统计，基于实际的农废回收交易数据，进行库容预警提醒，对超过警示线的回收站点作提醒，做好农村废弃包装物的及时回收处置。

7.低碳生态农场监测预警：对在册或申报低碳生态农场的农业主体进行全程数据监控，基于农业主体自身、抽检机构、执法部门等回流数据进行日常监督，对存在农产品检测不合格、造成土壤环境污染等不符合低碳生态农场创建的农业主体及时进行预警整改，必要时给予撤证处理。

（二）为业务开展提供支撑

"浙农优品"收集的数据，有助于年度工作任务的开展，作为电子台账依据，实现业务工作考核。以主推配方肥工作开展为例，为确保2022年底顺利完成中央环保督察涉农问题整改销号，围绕"配方肥替代平衡肥"这项关键整改行动，基于"浙农优品"实时归集全省360余家农资批发店实名批发数据、6200余家农资零售店实名销售数据、2万多生产主体实名购买数据，实现全省肥药"来源可溯、去向可追"，为浙江省45万吨配方肥

推广提供了实时进度数据。通过浙农优品驾驶舱端、浙政钉端，浙江全省11 个市、87 个涉农县（市、区）的工作推进情况实现实时可查。通过驾驶舱数据分析模块，进行周周晾晒，形成赛马机制，倒逼进度，促进主推配方肥推广工作开展。

（三）为能力建设提供基础

除了日常业务开展和巡查监督，数据还为接下来的农业领域知识图谱等知识类能力组件的开发制作提供数据基础。"浙农优品"汇集农业领域的农资购买、农业生产、质量检测、运输销售等多环节农业数据知识，包括法律条文、政策规范等。这些规范性文件作为农业领域知识图谱的数据底座，为实现知识图谱的农业知识智能搜索、农业信息智能推荐、农业产业智能问答等功能提供支撑。在接下来两节中，会着重说明数据在能力建设中知识组件设计、模型运用上的应用。

第二节　能力组件

一、组件的概念与分类

（一）组件的概念

能力组件是指构建现代产业体系的工艺技术、运营管理、行业知识与模型等可重复使用的数字化基本单元，具有独立性、通用性和可移植性。其主要来自产业大脑数据资源体系和应用支撑体系、各分区行业产业大脑、重大应用、地方特色应用及第三方市场主体拆解或提供的、具有共性能力支撑或通用性的能力单元。

（二）组件的分类

按照组件的属性类别，组件可以被分为知识组件、工具组件、应用组件三大类。知识组件是指各个场景应用中汇聚的数据，以及从这些数据中凝练出的智能化信息组件、数据模型等；工具组件主要是从各个场景应用中提取、汇聚知识的技术组件，同时也是实现将已有知识组件凝练出新知识的服务组件；应用组件是基于知识模型、算法模型和通用工具支撑、组合而形成的，具备复合能力或业务逻辑的高形态组件，应用组件在运行使用的过程中亦会反哺工具组件和知识组件的形成和迭代。

1. 知识组件

知识组件是基于从各个场景应用中汇聚的数据，凝练形成的智能化组件，用于帮助应用组件从数字化走向智能化，形式包括但不限于知识图谱、规则库、模型库。比如工业生产模型能够帮助自动化生产设备降低废品率，产业链知识图谱能够为企业精准推荐上下游潜在合作伙伴等。

知识图谱主要包含主题数据资源和领域知识图谱等。主题数据资源包括但不限于企业数据、人才数据、专利数据、项目数据、政策数据、机构数据、园区数据、资讯数据、论文数据。主题数据主要是基于各个场景应用梳理形成的数据资源目录，进一步加工沉淀出的产业实体相关基础信息，主要用于数据深度治理或知识融合，为各应用在场景层面的数据挖掘和数据应用提供数据前置处理。领域知识图谱包括但不仅限于产业链图谱、创新链图谱、供应关系图谱、合作网络图谱、风险事件图谱，主要收录以知识图谱形态体现的数据，用于支撑以图谱为框架进行数据图谱化建设，支撑后续基于图谱数据进行图谱推理、图谱挖掘等数据探索需求。

规则库包括但不限于文本拆解规则、信息抽取规则、主体分类规则、风险识别规则、瓶颈挖掘规则。

模型库包含 AI 算法模型、指标决策模型以及其他各类以模型形式呈现的组件。其中 AI 算法模型包括但不限于知识抽取算法模型、图谱构建算法模型、图谱推理算法模型、知识服务算法模型，收录自然语言处理算法、图像识别算法、语音识别算法等基础算法。基础算法主要用于从非结构化数据中发现和挖掘关键信息，解决非结构化数据到结构化数据的转化问题，增加数据资源的获取手段。指标决策模型包括但不仅限于产业发展评价模型、产业链竞争力模型、惠企政策匹配模型、招商企业推荐模型、前沿与瓶颈技术识别模型、人才创新评价模型、企业创新评价模型、企业研发方向推荐模型。

2. 工具组件

工具组件是指从各个场景应用中提取、汇聚和加工数据，凝练出新知识的工具化服务组件。比如通过知识协同构建工具套件，可快速构建行业垂直领域知识图谱，形成知识组件，并通过平台持续服务形成的用户行为数据，持续更新迭代知识图谱，持续升级知识组件。工具组件包括但不限于以下三大类：

①知识构建工具：知识构建工具包括但不限于知识体系协同构建工具、知识图谱运维管理工具、知识模型开发学习工具。

②认知决策工具：认知决策工具包括但不限于实体全息画像工具、图谱全景探查工具、指标全维建模工具。

③技术辅助工具：技术辅助工具包括但不限于 3D 建模工具、机理模型工具、工业设计工具。

3. 应用组件

应用组件是使用知识和反哺数据的各个场景应用本身，或支撑它们功能实现的组成中间件。比如企业能够在能力开放中心的应用组件专区调用用户体系和消息服务中间件等组成中间件，用于自身应用的开发，本例中的用户体系和消息服务中间件也属于应用组件。

应用组件包括但不限于以下五大类：

基础管理组件：基础管理组件包括但不限于接口控制管理、用户账户管理、数据生产管理、服务状态管理等。

智能服务组件：智能服务组件包括但不限于深度搜索、智能问答、精准推荐、主体画像、指标分析等。

可视分析组件：可视分析组件包括但不限于区域地图、图谱探查、概念体系、主体列表、报告生成等。

产业生态组件：产业生态组件包括但不限于协同创新、成果转化、协同制造、检验检测、数字营销、供应链物流、供应链金融、物资联储联备、产品全生命周期追溯、企业对标、亩均效益评价、企业减负、能耗评价、信用评价等。

企业服务组件：企业服务组件包括风险预警、研发设计、物资采购、智能生产、仓储物流、运维管理、产品销售、能耗管理、环保管理、安全生产、智能制造能力成熟度评估等。

二、组件开发的意义

通过"浙农优品"迭代升级，实现组件化开发，对应用进行功能单位拆解封装，形成智能化组件，对后期应用迭代、地方系统自建、全省农业企业数字化转型意义重大，具体有以下 7 点。

（一）创新模式实现系统对接方式多样

"浙农优品"横向协同发改、生态等 7 部门，进行跨部门、跨系统应用的对接，实现数据的交互。在前期系统对接过程中，对接方式较为单一，更多是通过数字接口实现，而数据接口的开发，需要持续的沟通和一定的开发量，数据打通效率较低。通过进行数据工具组件开发，将需要对接的数据字段进行统一规范化制定，利用工具组件进行多业务部门跨系统对接，或者如规则库等直接作为知识组件，以组件形式传递，实现业务数据、法规制度的共享，丰富系统对接方式，有效提升对接效率。

（二）共享组件保证系统对接数据质量

"浙农优品"纵向贯通 11 市、87 县（市、区），其中不乏作为"先行先试"试点完成自建系统应用开发的市县，比如温州、宁波、杭州部分市县。对于自建系统的数据传递，由于地方产业不同、地方标准不一致、应用开发侧重点不同等，因此与自建系统对接过程中，回流数据质量不高，不利于全省业务工作开展。以主推配方肥推广为例，按照全省主推配方肥流通量公式计算要求，对农资购销记录需要存在"县内 | 县外"字段，而部分回流数据中缺少相关字段数据，从而导致其流通量计算异常，统计结果与实际流通量出入较大。通过组件开发，可以保证各自建系统与省系统的数据规范统一，保证数据对接质量。如对应主推配方肥问题，将农资购销模块台账功能作为应用组件由全省共享，自建系统将该组件直接作为系统一部分进行使用，全省一盘棋，从而为全省业务工作开展提供电子数据支撑。

（三）拆解功能便于后期应用迭代升级

通过组件式开发，对"浙农优品"应用进行拆解，将各功能模块拆解到最小颗粒度，一个组件专注于一个功能，比如农产品质量安全模型组件只负责对农产品质量安全进行监测预警，肥药两制农资经营基础管理组件只负责进行农资店日常经营台账录入等。通过组件式开发，在日常应用维护和迭代时，对单个或关联组件进行优化迭代，既减轻开发工作量，提升开发效率，又便于维护管理和后期功能强化。

（四）知识组件助力数据存档整理

知识组件创建的过程也是数据归集和清洗的过程。要作为知识类能力组件进行能力共享，前期需要对"浙农优品"应用现有汇集的农资数据、规则数据、标准数据进行归集和整理。比如地方农作物肥料主推配方知识组件的构建，需要对全省主要农作物肥料主推配方的氮磷钾配比进行整理，构建知识组件，实现后期主推配方肥流通量计算。可以说知识组件的构建过程就是一个对"浙农优品"汇集数据进行数据归集和整理的过程，实现对归集数据的存档和标准化管理。

（五）先行先试助力一地创新全省推广

前期在数字化改革过程中，部分地方市县作为排头兵，进行数字化改革，自建地方应用，其中不乏一些值得推广的应用功能模块，但局限于应用的整体性交付，不利于全省落地。当前通过将功能组件化，通过组件进行全省推广，让先行先试更有意义，真正做到一地创新、全省共享。比如衢州、杭州、舟山等地已经开展农业碳账户核算，制作农业碳账户核算模型。在完成模型构建、组件开发之后，进行全省推广，有效避免了部分业务模块重复开发建设等问题，让地方特色应用开发更多集中于特色模块建设。

（六）全省共享帮助地方特色应用构建

浙江地理环境的差异导致农业产业发展市县之间的差异性，进而形成

各地地方特色产业，比如临安山核桃、仙居杨梅、云和雪梨等等。产业生态的特殊性、生产耕种的特殊性及生产管理上的侧重点不同，要求对特色产业进行特色应用的开发。通过组件式开发，将"浙农优品"能力组件放置于能力中心，地方开发团队通过申请进行使用，减少部分重复功能的开发，而专注于核心特色功能模块构建，既提升开发效率，又减少重复开发导致的资源浪费。

（七）能力中心赋能农业企业数字化转型

"浙农优品"开发的能力组件最终将被归集并在数字经济系统产业大脑能力中心上线。全产业链农业龙头企业、农业数字工厂、示范性规模农场等在进行农业企业数字化应用建设过程中，可以直接通过组件调用，基于组件进行部分功能模块开发，减少应用开发成本，助力数字化转型。如农业企业直接调用肥药两制农事操作基础组件，减少对日常农事操作的录入功能模块开发。

三、"浙农优品"各类组件建设

（一）知识组件

1.浙江省地方农作物肥料主推配方知识组件

该组件主要存储浙江省本年度地方主要农作物肥料主推配方氮磷钾配比数据，如表4-4所示的2022年金华市金东区主要农作物肥料主推配方。通过该知识组件，可以匹配农资店销售记录中哪些数据是主推配方肥销售记录，从而对农资店主推配方肥销售进行补贴，计算地方主推配方肥流通量、销售量等数据。

表4-4　2022年金华市金东区主要农作物肥料主推配方

农作物	高浓度（45%）配方（N-P$_2$O$_5$-K$_2$O）	中浓度（30%-38%）配方（N-P$_2$O$_5$-K$_2$O）	有机无机复混配方（N-P$_2$O$_5$-K$_2$O）
早稻	20-10-15	18-8-12 15-8-10	18-5-10 15-4-6
连作晚稻	20-8-17		
单季晚稻			
大小麦	20-10-15	18-8-12 15-8-10	18-5-10 15-4-6
油菜			
玉米	20-8-17		
薯类	18-6-21	12-5-16	12-4-14
大豆	15-10-20	11-7-15	

备注：本方案主推配方为做基肥使用时的基本配方，实际推广中总养分变动不超过4个养分含量、氮磷钾单一养分变动不超过2个养分含量的复合肥产品，均可视同主推配方肥料。

2.农资库基本数据知识组件

主要存储当前"浙农优品——农资购销模块"中存入的农资数据，包括肥料和农药两大块数据。其中包括产品名称、类别、规格、生产企业、备案农资店、氮磷钾配比（针对化肥）等参数。通过对该组件的调用，可以从知识组件中匹配需要查找的农资信息，从而应用在地方自建系统农资购销平台、农事操作平台——耕地施肥用药记录模块等。

3.农业主体名片知识组件

该知识组件主要存放"浙农优品"已经入库农业主体基本信息，包括主体名称、统一社会信用代码、产业类型、详细地址、坐标、法人信息等数据。通过使用农业主体名片知识组件，跨业务处室自建系统可以实现主体的同步调用，比如质监条线的质量安全监管系统可通过调用该知识组件，匹配送检主体，从而将监测结果和主体进行关联，进而实现该主体农产品合格证开具和监测结果强关联。

除此之外，"浙农优品"现有和计划建设知识组件还包括农资经营主体名片知识组件、植保网络监测站点知识组件、一标一品授权主体名片知识组件、低碳生态农场主体名片知识组件等。

（二）工具组件

1.县域主推配方肥流通量计算工具组件

该组件主要用于计算某一县域主推配方肥流通量。以县域内农资店及农业主体的配方肥进销记录作为数据基础，通过调用该组件，按照县域内主推配方肥计算公式求得流通量（见图4-7）。

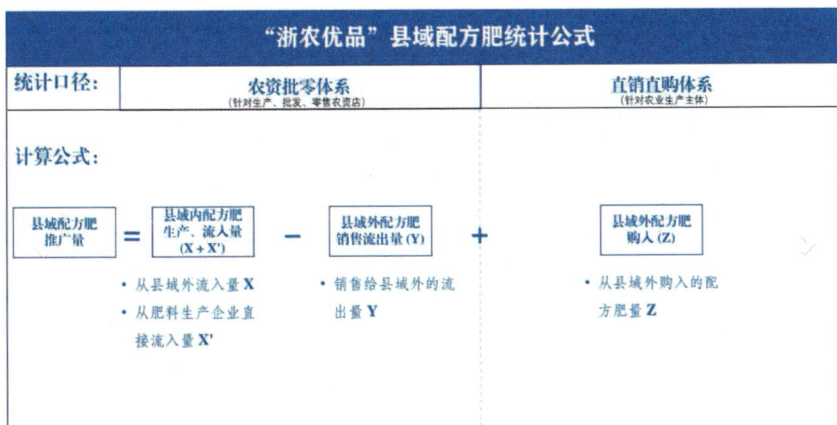

图4-7 "浙农优品"县域主推配方肥流通量计算公式

2.质量安全风险区域合格率计算工具组件

该组件主要应用于"浙农优品——农产品质量安全管理模块"，通过对全省监测数据进行分析，利用风险主体、风险区域、风险产品等判定规则，进行风险区域农产品质量安全合格率计算。应用于农产品质量安全管理的工具组件除了区域合格率计算工具，还包括例行监测合格率算法工具、风险处置率算法工具、风险产品预警工具等能力工具组件。

3. 水稻生产主体碳账户计算工具组件

利用碳账户计算工具组件，通过土壤施肥用料、有机废弃物处置过程产生的氧化亚氮排放等过程排放数据及生产过程消耗的燃油、电力等输入数据，可以对水稻生产过程进行碳排放量、碳中和量计算（见图4-8）。根据产业类型不同，除了水稻，现有阶段还包括生猪和贝藻碳账户计算工具组件。

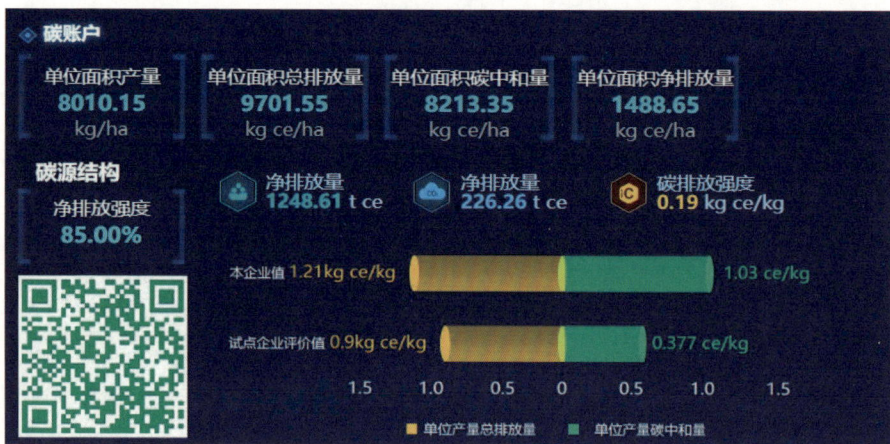

图4-8　"浙农优品"农业主体碳账户名片

除了上述工具组件，"浙农优品"计划和在建组件还包括农废回收收贮周转效率计算工具组件、自建系统购销记录数据对接工具组件、后台农资购销记录数据导出工具组件、农业主体三色码预警工具组件等。

（三）应用组件

1."肥药两制"农资经营基础管理应用组件

该组件为"浙农优品——农资购销模块"基础应用组件，主要实现对农资店内农资购销记录台账的录入和维护，包括化肥、农药记录的进货、销售记录和农资库存信息查看等功能。其中由于进销方式不同，还包含零售、批发两大块。例如，金华永康等县市区的地方自建系统可以直接从能力中心申请调用该组件给予农资店进行电子台账录入和维护，从而减少相关功能重复开发，同时该部分农资进销记录可以回流到"浙农优品"，保证购销记录数据省市县系统一致，保证数据质量。

2."肥药两制"农事操作基础管理应用组件

农事操作基础管理应用组件主要实现对种植业农产品生产过程农事操作的记录，包括对地块的耕种、施肥、用药、洒水、采收等记录的登记和维护。该应用组件当前被使用在浙里办端"浙农优品"，服务于广大农业生产主体工作人员的地块维护、农事记录。需要进行数字化转型的农业主体企业可调用该组件实现对农事操作记录的登记，同时作为应用组件，该部分数据最终也会回流到"浙农优品"。

除上述应用组件以外，"浙农优品"现有和在建应用组件还包括农产品质量安全监测预警应用组件、农产品市场行情监测预警应用组件、农废回收台账管理应用组件等。

第三节 智能模块

一、建设背景与概念解释

随着应用的落地推广，部分市县管理人员在对驾驶舱相关业务板块进行查看过程中，反映应用功能强大但也导致对单个业务关联信息获取难度增大，且信息展示较为表层，需要进行二次挖掘分析，造成信息提取低效且容易出错，应用在实战实效方面仍需提升。基于反馈情况进行问题的提炼和原因的分析，主要有以下两点。

（一）数据分析停留浅层，欠缺智能化展示

前期在对汇集数据进行分析时，更多侧重于使用直方图、饼图等进行浅层分析展示，例如农业主体行业类型分布、农产品质量安全合格率展示等，并没有对数据进行深入的挖掘和分析，实现智能化展示——比如对于蔬菜类农产品市场价格行情，需要通过查看各市县的在田面积、产量、市场行情等数据，进行人工分析，形成当月农产品市场分析报告，"智能化"分析能力相对较弱。

（二）数据偏向横向展示，缺乏纵向针对性

在对数据进行分析展示过程中，前期"浙农优品"注重于数据横向面上的展示：通过七大场景实现农产品从田间地头到市民餐桌全场景数据的汇集和展示。由于业务开展过程各场景之间存在关联性，对单一业务缺乏纵向针对性集中展示。比如农产品质量安全监测不仅仅涉及质量安全场景中展示数据，还牵涉农产品生产的定额施用及后期销售的产销对接等场景，每个场景除了展示质量安全相关内容，还涉及其他展示数据，导致业务数据关联性被打乱，需要进行场景切换来查看各节点展示数据，以此实现质量安全全链闭环分析，缺乏集中的核心深入性展示界面。

基于以上问题，及时进行应用迭代，以实用管用好用的总体要求建设智能模块，通过梳理核心业务，对相关联数据进行归集，梳理线下业务形成业务闭环并实现线下业务线上数字流程化，进而形成智能模块，实现结果信息的展示，真正做到对"浙农优品"数据的智慧分析。

"浙农优品"智能模块是通过能力组件（知识、工具、应用等）对单一核心业务进行数字化全业务流程展示，实现智能化分析功能。从信息分析处理角度出发，按照数据分析流程，"浙农优品"智能模块包括数据的获取、传输、处理、分析和反馈等环节，前四个阶段主要在后台实现，驾驶舱智能模块部分更多是对数据的反馈和信息结果的展示。其中，分析是智能模块中最为重要的环节，体现"浙农优品"的核心"智能"部分，由各类具有分析农业信息的模型来实现。

随着数字农业、精准农业、智慧农业等概念的提出和农业信息化的发展，农业领域数学模型被大量提出，比如描述作物长势的生长模型，实现病虫害监测的神经网络图像识别模型等。"浙农优品"智能模块是以农业信息化模型为核心，实现对汇集数据进行深层次数据分析和信息智能展示的应用模块。

二、模块建设的意义

（一）实现汇集数据的深层次信息分析

考虑前期数据分析停留表层，仍需要通过人工方式对展示结果进行二次分析研究的问题，"浙农优品"应用大量数据模型，来替代人工分析环节，实现信息的智能提取。模型的应用增强了智能模块的机理性，有效解决人工分析方式带来的任务繁重、低效且容易出错的问题，使得海量信息经过筛选、提炼、分析，最终实现高效执行。例如，对当前农产品市场价格行情方面的分析，利用蔬菜价格预警监测模型对各监测点产生并汇集到"浙农优品"的蔬菜在田面积、产量、成本及市场价格波动等数据进行智能化分析，自动形成市场行情分析报告。

（二）实现功能场景的业务闭环化管理

"浙农优品"智能模块是针对单一业务设计并建设的，要求实现业务场景的全流程闭环。这就需要模块设计之初对相关业务工作进行分析，构建业务闭环，同时实现线下业务流程线上化，各业务条线各环节数据都能够被传入"浙农优品"，且能够基于这些数据实现结果性信息的输出，为最终工作开展提供决策依据。以质量安全管理模块为例，首先实现从农产品送检到监测结果处置线下业务闭环并完成数字化管理，再将关联数据进行模型分析，通过分析与研判，最终呈现分析报告提供决策建议，实现质量安全监测的全业务闭环化管理。通过构建智能模块，实现对业务流程的梳理，通过体制机制创新，完成业务条线的闭环化管理。

（三）实现"浙农优品"核心业务功能拓展

智能模块是对"浙农优品"核心业务功能模块的提炼和拓展。按照农产品全生命周期环节，前期对肥药购买、定额施用、质量安全等七大子场景进行数据展示，实现业务数据的全流程展示。"浙农优品"前期覆盖面广导致对核心业务、关键节点提炼不足，在迭代升级过程中，重新基于现有需求清单进行梳理，明确农产品病虫害监测预警、农产品质量安全监测、主推配方肥工作开展、农业主体碳排放核算等核心业务，进行智能模块构建，实现功能拓展，为业务开展提供数据支撑和决策建议。

三、"浙农优品"典型模块介绍

"浙农优品"通过核心业务梳理，构建智能模块，实现对汇集数据的深层次智能分析，典型模块构建如下。

（一）农产品质量安全管理模块

农产品质量安全管理模块主要实现对浙江省农产品质量安全全流程管理监测并实现预警分析。按照农产品质量安全全流程业务过程，对汇集到"浙农优品"的产品检测数据（包括快速检测、监督抽检等类型）基于风险主体预警规则、风险区域预警规则、风险产品预警规则、风险药物预警规则等四大规则进行分析，识别出当前浙江省风险产品、风险药物、风险区域，形成风险主体三色码、风险区域五色图和风险产品预警清单。监督管理人员可以通过预警处置对不合格的样品进行针对性处置，实时查看处置进展情况和处置报告。在对数据进行深度分析后，安全管理模块按照区域、产品、药物等进行当前农产品市场的质量安全风险研判，并提供决策建议。比如，针对 2022 年上半年通过模块判定的蛙类风险产品，模型列出致使蛙类产品不合格的风险药物与高发的风险区域。按照模型给出的决策建议，浙江省市场监督管理局、浙江省公安厅、浙江省农业农村厅印发《浙江省蛙类水产品质量安全专项治理方案的通知》，于当年 4 月至 7 月初开展了专项整治，要求蛙类水产品必须凭检测结果开具合格证上市，推进追溯信息全上"浙食链"，实现质量安全闭环管理。

（二）农业主体碳排放核算模块

在全国"碳达峰、碳中和"目标推进，及浙江省农业率先达峰、减排固碳的背景下，衢州、杭州、舟山先后制定、发布地方标准。"浙农优品"以此为基础，构建农业主体碳排放核算模块，实现对全省低碳生态农场生产主体在生产过程中碳排放、碳中和量的测算管理。在核算边界上，主要包括过程排放、燃料燃烧排放、购入与输出的电力、热力产生的排放等。模块将汇集于"浙农优品"的主体生产过程中有机肥、化肥氮等使用过程中温室气体排放量，秸秆还田过程中废弃物处置气体排放量以及农机具使用过程燃料燃烧排放量等数据作为模型输入参数，通过生产主体碳账户计算工具组件计算该主体的碳排放、碳中和量。市县工作人员通过模块对地方农业主体碳排放情况进行查看，依据碳账户情况进行工作考核和补贴发放。

（三）主推配方肥流通监测模块

为确保 2022 年底顺利完成中央环保督察涉农问题整改销号，围绕"配方肥替代平衡肥"这一关键整改行动，构建主推配方肥流通监测模块（见图 4-9）。模块通过对汇集于"浙农优品"的全省农资批发店实名批发数据、农资零售店实名销售数据和生产主体实名购买数据进行数据筛选，分析浙江省各肥料类型流通比例，按照区划对农资店配方肥流通量进行排名，分析近一个月肥料流通量趋势，并通过县域主推配方肥流通量计算工具组件对市县流通量进行后台计算和前台晾晒，实时展示当前主推配方肥市县完成率情况，形成赛马机制，倒逼进度，推动主推配方肥工作的开展。模块为浙江省配方肥推广工作提供实时进度数据，该工作已入选中央环保督察正面典型，生态环境部华东督察局来浙进行调研后，高度评价了浙江省以数字化应用推进问题整改销号的做法。

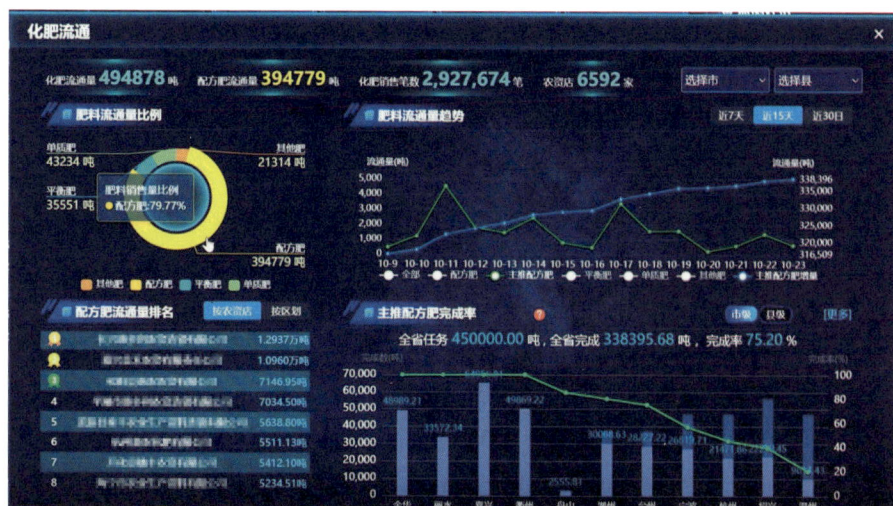

图 4-9 "浙农优品"主推配方肥流通监测模块界面

第五章

"浙农优品"的先行先试与融合贯通

第一节　省级统建与地方试点之间的协调

一、问题和思考

"浙农优品"是在农业投入品与农产品质量安全管理信息化建设的基础上开发建设的,尤其是杭州、宁波、温州等几个地市的信息化试点探索,为"浙农优品"应用建设提供了宝贵的经验和借鉴。

杭州市"数智农安"平台。农产品质量安全是一项社会群众广泛关注的重要问题,为保障"舌尖上的安全",杭州市早在 2008 年就提出建立农产品质量安全追溯体系的设想。2010 年,原杭州农业局和杭州市科技局率先在全省开发建设首个市级农产品质量安全追溯信息化平台,并列入全市重大科技项目。经过多年建设,单一的农产品"质量安全追溯平台"升级为全过程、成体系的"数智农安"平台。率先推行食用农产品"证码合一"制度，消费者可通过扫描二维码进行产品防伪查询，了解农业主体基本情况、信用等级、优选产品等信息，实现农产品生产全过程追溯，提高农产品从田间到餐桌各个环节的透明度。2021年10月14日，全国农产品质量安全工作推进会在杭州建德召开，该应用场景作为"杭州经验"进行交流分享，得到了农业农村部农产品质量安全监管司领导的肯定。

宁波市智慧农业云平台。2016年以来，宁波市认真贯彻中央、省委关于推进农业信息化建设、发展智慧农业的决策部署，着眼于物联网、云计算、大数据等现代信息技术在传统产业中的渗透改造，积极引导数字技术进入农业生产各领域，启动了智慧农业云平台建设。根据平台建设总体规划，在海曙区古林镇开展农业物联网建设试点工作。经过3年的努力，2018年底，古林大田种植数字农业技术集成示范项目建设取得初步成果，以北斗地基增强基站、高精度农机自动作业与高精度导航系统为主要内容的北斗精准时空服务基础设施，以水田精准整理、养分精准管理、病虫害系统防控为主要内容的农业生产全过程管理系统，以农机运行远程监测、农机协同作业集成服务、农机培训系统展示为主要内容的精细管理服务系统基本建成。

温州市农业生产数字化监管服务平台。2017年，苍南县开发了食用农产品合格证系统和农资监管与服务系统，其中"温州农安追溯"App一改以往每家每户配发合格证打票机的做法，改为全市统一预制印刷合格证，由各县（市、区）农业部门免费发放给主体，农产品上市前扫描预发码填写信息便可激活使用，极大地降低了推广成本和操作难度。2021年，温州市食用农产品合格证系统实现与"浙农码"的贯通，发码量共计103万张。农资监管与服务系统在农资店端建有"温州市农资监管与服务平台购销PC

版"和"温州农资"App。2021 年，温州市农资监管与服务系统后台登记数量达到 592 家，覆盖试点农资店 102 家。

虽然地方的试点探索取得了可圈可点的成果，但是随着数字化改革的全面推进以及省建"浙农优品"的推广应用，矛盾与问题逐渐显现。

一是双线并行。部分地区在"肥药两制"改革试点中，自建了"农资监管服务系统"，并进行了全面推广。在试行一年以后，"浙农优品"应用程序中的"肥药购销"模块就开始普及，在很长一段时间，很多农资店都安装了上述两个应用程序，这让农资经营主体无所适从。二是上线率低。为了避免农民混淆、重复操作，有些地方干脆不再推广使用省建应用。三是数据缺失。自建系统未将数据上传至"浙农优品"，或上传的数据不及时、不准确、不完整。一些地方自建系统开发建设早于"浙农优品"，个别模块的参数设置不同，开发公司也不同，导致两者之间无法完全对接、数据不能完全同步。四是功能滞后。随着"浙农优品"不断迭代升级，地方自建系统跟不上"浙农优品"新开发的功能。值得注意的是，地方政府部门对自建系统的不舍，是受多方面因素影响的，既有主体熟悉老系统后有一个使用惯性的考虑、与相关技术开发公司之间合作不紧密等，这些因素交织在一起，大大增加了自建系统与"浙农优品"关联对接的难度。

二、省级统建的必要性

农业农村系统在数字化改革进程中逐步构建起"乡村大脑＋浙农应用"的"11153"核心架构体系，即 1 个"三农"数据仓、1 张"三农"全域地理信息图、1 个"浙农码"，以及知识库、规则库、算法库、模型库、组件库等 5 个库和农业智能、乡村智治、农民智富 3 大能力。通过整体架构的搭建，业务分区、功能分块更加明确，各项职能都能贯穿到底。每个领域都有自己的跑道设定，每条跑道都是按照改革设计，以社会最关心、最迫切、最有效的领域为主线，举一纲，张万目，既不会漏掉，也不会重复。作为浙江"乡村大脑"数字化平台"浙农"系列应用之一，"浙农优品"在省级层面厅外横向需要协同发改、自然资源、生态环境、市场监管等7厅局，厅内涉及质监、法规、产业等8个处室，纵向需要贯通11个地市、87个涉农县（市、区），这是一项浩大的系统工程，重大应用的开发设计必须要有一个省级全面的顶层设计。同时，数字化改革需要实践成果、理论成果和制度成果相互支撑、相互补充、相互融合，例如，为了保障数字化改革的立法，浙江省第十三届人大六次会议在2022年1月审议通过了《浙江省公共数据条例》，该条例成为全国首部关于公共数据的地方性法规，围绕公共数据的统筹管理、开放共享、安全使用等问题提出了浙江新的解决方案，明确了公共数据平台一体化建设规范，突破数字资源"条块分割"的体制障碍，要求省公共数据主管部门会同省有关部门，统筹建设一体化智能化公共数据平台，实现公共数据跨层级、跨地域、跨系统、跨部门、跨业务有效流通和共享利用，促进省域整体智治、高效协同。

三、地方试点的重要性

　　改革既要自上而下，又要有自下而上的能力。只有自下而上，面对重重阻力，改革很容易中途夭折；如果一味强调自上而下，改革很可能脱离实际而难以落实。因此，改革只有在上下之间形成双向回流、良性讯号，才能得以延续、持久。为加快推进省级统建多跨应用场景落地，浙江省农业农村厅连续两年组织开展多跨场景应用先行先试。2021年，在各地自行申报、市级审核推荐的基础上，对照省数字化改革有关要求，确定杭州市西湖区等 31 个县（市、区）作为"浙农优品"的第一批"先行先试"单位。通过先行先试，浙江省农业农村厅可以更加全面、更加准确地掌握全省各地的数字化改革水平和动向，更有计划地拉长板、补短板，更有针对性地给予政策支持和项目安排。例如，在"浙农优品"的 31 个试点县（市、区）中，2020—2022 年安排"肥药两制"改革综合试点等项目的超过了 20 个，先后涌现出像仙居的"亲农在线"、安吉的"白茶大脑"、永康的"农废回收一本账"等一批优秀的数字化应用和场景。"一标一品"申报认证需要关联生产记录电子台账、农产品电子抽样单等许多有益做法得到了总结提炼，实现了"一地创新、全省推广"。同时，以"揭榜挂帅"作为数字化改革先行先试的实施形式，形成了"省级出题、市县报名、规范作答"的良性互动局面，能够更好地聚焦当前数字化改革的工作重点，在赛马比拼机制下充分调动各地积极性的同时，又克服了地方试点随心所欲、过度发散、脱离省建应用整体架构的问题，所形成的试点成果也能够更好地在全省层面推广。

在 2022 年浙江省农业农村厅组织的数字化改革先行先试中，桐庐、永嘉等 10 个县（市、区）承担了"浙农优品"应用中的"质量安全、农废回收、双碳账户"3 个核心场景的试点工作，着力探索合格证预发码制度、农废电子码升级为实物码、农业生产碳账户核算体系建设等内容。每个县（市、区）分别安排省级财政资金，用于"肥药两制"改革综合试点项目，其中重点之一即"浙农优品"数字化应用试点建设。

第二节　模块、应用与平台之间的多跨融合

一、多跨融合的总体思路

在数字化改革不断深化和迭代的今天，不可能依靠某个"大而全"的数字化应用"包打天下"。从业务职能部门出发，把数字化应用做实做精做细，是必然的选择，也是现实的路径。面对"条抓"形成的不同模块、不同应用、不同平台，不论是从集成改革的角度，还是从农户减负的角度看，都需要发挥"块统"的作用，即基于全省统建，更好地推动多跨融合。

一方面，要跳出"一亩三分地"，推进数字化集成改革。原有的信息系统，大多存在一个共性问题，就是以职责权限为边界，自成一块，关联度不高，"条抓"属性很强，而"块统"属性明显不足，比如农产品质量安全监督抽检系统，从省级一直下穿至市级、县级乃至乡镇，但横向层面与厅里相关单位负责的农资监管和服务信息化系统难以实现联通，反映出系统的整体性、集成性相对较弱。这也是数字化集成改革中需要重点关注并着力破解的难题之一。从数字化改革整体设计架构"V"形图的构成可以看出，集成改革并非对原有体系进行修补，而是彻底"先破后立"。首先，要在"下行线"中层层穿透，即从需求到任务，从任务到部门，从部门到指标，从指标到数源，将已成型的老体系分解细化到分无可分的最小的颗粒后，在"上行线"中进行系统重塑、流程再造。通过重塑再造，在"条抓"与"块统"之间找到新的平衡点和最优解，这一过程涉及跨模块、跨应用、跨平台，是一个多跨融合的过程。如果没有跨界融合，改革就无法真正深化。因此从这个意义上讲，多跨融合是集成改革的固有内涵。

另一方面，要有效避免数字化减负带来的"越减越沉"怪象。数字化

改革的意义不仅在于具体的应用场景上，更在于推动生产方式、生活方式、治理方式发生根本性和全局性的变革，使生产力得到解放。对农民而言，数字化改革带来的获得感，应该使他们感到农业生产更轻松、更有效率。但是在信息化平台的初始阶段由于不具备跨部门融合的条件，每一款软件都是"各管各的"，每个农户的手机里都要安装五花八门、各色各样的App和微信小程序，导致主体信息、生产记录等农事数据要重复填报好几遍，搞得农户晕头转向、叫苦不迭。数字化改造后，最明显的变化，就是应用的数量大幅度减少，例如浙江省农业农村厅将原有的100多个App、微信公众号、网站等，缩减到了目前的16个"浙农系列"应用系统，这些应用之间可以实现多个功能和数据的互联，大大减少了农户主体端口数和操作工作量。

二、多跨融合之难：技术限制与合作障碍

目前，系统建设与发展的总体趋势是"整合、共享、高效"，即现有应用系统要进一步整合，实现重点业务领域的跨部门协同，加快互联互通，提高信息资源共享水平和能力。但是在技术融合、业务融合、数据融合等方面还存在一些障碍。

（一）多跨融合对技术层面的要求较高

在技术层面上，多跨融合至少需要实现以下几个目标：一是制定符合业务实际需求的数据标准规范；二是利用数据接口技术搭建数据交换系统；三是整合各种基础数据构建全局综合辅助决策数据库。总而言之，就是要按照数据标准和规范的要求，通过信息共享技术对这些业务数据进行抽取、比对和整合，建立一个综合的数据仓库，利用数据仓库技术对数据进行综

合分析和统计。基于基础数据与数据仓库，利用先进的大数据分析技术，对海量数据进行多样的、高价值的数据分析。但现实中，各个系统都是独立规划建设的，各系统之间的标准并不统一，造成了资源互联互通的困难，往往会导致数据重复采集，增加数据处理的复杂性，降低工作效率，增加成本。例如云计算系统技术，多个分散的云计算资源池均拥有独立的云资源管理平台，造成融合困难、维护负担大、计算资源隔离的状态；再比如数据双活技术，传统的业务双活为集群方式运行，对外服务业务需要在出口端实现全局负载均衡，同时两端业务数据必须具有高度一致性。

（二）技术公司之间合作障碍需要进一步破除

为数字化应用提供技术支撑的开发公司，都是走电子政务采购流程，经项目立项申报、公开招投标等环节确定的。技术公司面临着"胜者做大、败者出局"的局面，这就导致开发公司出于自我保护和利益最大化的考虑，在技术合作上不够主动、充分。特别是一些关键性原始数据图层，虽然相关政策明文规定数据归甲方业务单位所有，但是开发公司视之为核心竞争力，在数据交换和共享上"扭扭捏捏"的情况仍不能杜绝，反映出开发公司之间的合作障碍还需要进一步破除。

（三）改革参与部门的积极性需要进一步调动

数字化改革的本质是数据流、业务流、执行流、决策流四流协同，对于应用建设主体来说，主要起到的是一个技术支撑的作用，其数据流主要依赖业务部门在执行流中产生，应用的迭代升级需求与要求则来自业务处室与基层操作人员的使用过程，在执行流、业务流、数据流三合一的基础之上才能产生精准的决策建议，由此相关领导才能作出科学的决策，形成决策流下达并转化为执行流。一项重大应用的实战实效取决于所有横向协同的厅局、处室与纵向贯通的所有市县主体的全力协同配合，任何一个环节都不能掉链子。

三、"浙农优品"的多跨融合实践

"浙农优品"的多跨融合是一个小步快走、不断迭代的过程。

（一）跨场景的对接融合

在"浙农优品"的 7 大场景中，"肥药购买""定额施用""质量安全"这 3 个最为基础，率先实现了对接融合。通过统一建立"主体库、农资库、数据库"，对农资监管与服务信息化系统、农产品质量安全监管系统中的历史数据进行全面清洗梳理，按照最新的标准规范分门别类归入以上"三库"，通过肥药购销记录将农资经营单位和农业生产主体串联起来，彻底改变了以往"实名管实名""定额管定额"的孤立割裂局面，推动农资追溯与农产品质量安全追溯相向延伸、有机联通。也就是说，实名购买的农资商品，会自动进入农资企业名下，一旦农资产品超范围或者超限额，系统会自动预警。反之，如果后端农产品质量安全抽检不合格，则会根据施肥记录倒查农资经营单位及其销售的农资商品，并根据销售链辐射成网，对其他相关农业生产主体进行预警和排查。

（二）跨应用的对接融合

为了更好地实现与"乡村大脑"中其他"浙农"系列应用的对接融合，"浙农优品"的融合过程既有"进"的一面，也有"退"的一面。所谓"进"，是指"浙农优品"兼容并蓄、博采众长，依托庞大的用户基础和完整的农业生产链结构，吸收和融合了其他应用的主要功能模块，包括"浙样施"的"测土、按方施肥"、"植物医生"的"病虫害监测预警"、"产销一

体化"、"农产品价格监测预警"等功能，为"浙农优品"的"定额施用""产销对接"等场景模块提供了有力的支撑。所谓"退"，是指"浙农优品"按照"应用 + 产业大脑"的架构设计，以条线管理为一般原则，在种植业、畜牧业、渔业各自条线上分别建立起各自的产业大脑后，不再以独立应用的形式直接覆盖相关主体，而是将"定额施用""质量安全"等核心场景，通过组件等工具加载融合到"浙农牧""浙农渔""浙茶香"等产业大脑中，避免出现主体多头登录、多次记录、应用功能重复等问题。

（三）跨平台的对接融合

"浙农优品"已对接融合了许多其他领域的平台和应用。例如，为了更好地实现农产品质量安全的全过程追溯，实行追溯标识分类管理。对于直接包装上市的农产品，农业农村部门创新运用全省规范统一的电子追溯标识"浙农码（产品码）"，全面集成展示主体基本情况、农事操作、合格证、地理标志等信息；对进入流通市场需要二次分拣包装的农产品，通过与市场监管机构开发的"浙食链"关联生产环节数据信息，解决农产品质量追溯"失链""断链"等问题。市场环节的产品抽检等数据，也可以及时反馈给"浙农优品"。再比如，统筹规划、推进农业废弃物回收场景接入"浙里无废"的数字化应用。按照"管行业的必须管环保"的原则，把农药包装废弃物回收、畜牧粪污资源化利用等内容分别纳入"浙农优品""浙农牧"等应用，各自开发建设相关场景模块。"浙农优品"已经率先建成农药包装废弃物回收场景，农药包装废弃物回收、归集环节的数据与"浙里无废"同步关联，并接收从"浙里无废"回流的末端处置数据。

第三节　省级、市级与县级之间的穿透贯通

一、穿透贯通的必要性

"浙农优品"作为一个涵盖省、市、县多层级的省建应用，需要跨层级穿透贯通，当先行先试、揭榜挂帅成为推动数字化改革迭代升级的重要路径之后，加强省建应用与地方试点穿透贯通的重要性进一步凸显出来。

（一）基层履行治理职能的需要

在全省"1612"体系架构中，第二个"1"为基层治理系统，这是数字化改革重大应用在基层集成落地、推动改革成果转化为治理效能的重要载体。作为高效生态农业综合改革的数字化应用，"浙农优品"的移动端分为农户端和监管端，农户端直接面向广大农业生产主体，监管端则针对不同层级的农业主管部门和业务干部开通了不同的功能权限，像"农废回收"，在省、市、县三级分别设置了统计分析、预警监测、查询审核、标准设置、发码开单等功能，这些功能连接到各个层级和使用主体，改变了人工填写调运单、人工核算补贴金额、人工填报回收进度等工作方式，大大减轻了基层业务干部的工作强度。"质量安全"场景尤为特殊，其中有一项农产品质量安全网格员管理职能，是由乡镇和村级使用主体共同来完成，相关场景和功能如果没有穿透到底或是中间断层，就会对职能履行、工作开展造成影响。因此，从提高职能履行和基层治理效能的角度出发，应用场景必须做到贯通落地。

（二）大数据统计分析的需要

大数据，也被称为海量数据，是数字化改革中最重要的资源和财富。绿色优质农产品生产全过程，从肥药购销到施肥用药，从产品抽检到合格

证开具,从监测预警到主体评价,从价格监测到产销对接,一直在持续不断地生成数据。据统计,2021年全年,浙江全省农资企业采购数据7.7万笔,销售数据185万笔,农业生产主体合格证开具43万批次、打印1512万张,定量监测数据1.8万条,定量检测数据88.6万条。"浙农优品"只有在省、市、县逐级穿透贯通的基础上,才能对上述业务数据进行归集整合,利用大数据计算引擎对数据进行清洗和加工,汇总形成生产主体数据库、农资经营主体库、农资商品库、购销施用数据库等,实现基础数据资源省级层面统一管理,这将彻底改变过去依赖报表填报调度数据的工作方式,极大地提升数据的真实性、准确性、时效性。同时,数据库中归集汇总的海量数据,也是能力中心各类模型进行深度分析、形成建议的基础,对提高农业现代化发展的治理效率和服务水平至关重要。

二、穿透贯通之难:三重矛盾叠加

"浙农优品"的跨层级穿透贯通,首先是一个技术性的问题,需要在数据接口、组件等方面做大量的基础性工作。同时,穿透贯通又是一个体制性、机制性的问题,需要关注其自身内含的三重矛盾关系。这三重矛盾关系能否协调平衡,将直接关系到穿透贯通的效果。

(一)标准一致性

只有把数据定义、数据口径、数据标准统一起来,才能在全省范围内进行纵向统计分析、横向比较。目前,各地高效生态农业一体化改革,特别是数字化改革融合发展水平和进度,主要以"浙农优品"场景功能落地、数据汇总为依据。例如,通过配方肥电子台账反映全省配方肥推广任务和肥药实名购买制度的落实情况;通过开具合格证的数量反映农产品质量安全与监督抽检工作情况；通过"浙农码"（农废码）填单开码反映农药包装废弃物回收和归集情况。虽然浙江省农业农村厅已将其中的重点指标纳入年度考核任务，但部分地区仍存在功能落地、数据贯通困难。主要原因在于各地数字化改革先行先试还处于摸索探路阶段，缺少对地方试点在场景设置、功能开发、数据类型等方面的规范标准，具体指标、任务数以及数字字段不够明确，各地在试点创新过程中更加关注特色亮点和个性需求，没有较好地兼顾与"浙农优品"的统一，出现了数据传输不畅、数据无法汇总、功能无法实现等问题。

（二）职能协调性

按照数字化改革的要求，围绕绿色优质农产品生产服务全流程的各项功能模块要在"浙农优品"上实现集成，这些模块之间存在着紧密的联系，相互制约。由于不同的功能模块对应着不同的职能单位，因此"浙农优品"各个场景落地需要相关职能单位分别部署落实。在实际工作中，各条线工作有先有后，进度有快有慢，层级有多有少，困难有重有轻，各场景之间很难做到完全同步协调。例如，"产销对接"场景模块，主要是根据主体的三色赋码情况，找出合适的主体并向供应链企业推介，而主体赋码和评价工作则与"质量安全"场景的产品抽检和合格证密切相关。农产品质量监督抽检的各个层级都有自己的职能，比如省市的任务分解、决策分析和基层管理部门的抽样开单、结果报送、农户使用情况查询、报告收发等。截至 2022 年 9 月，全省农产品定量抽检 10 万批次，其中有 1.5 万批次是省级抽检任务，已率先实现在线办理，市县共 8.5 万批次的抽检还在逐步向线上转移，因而全省农产品合格证抽检关联率提高还需要一段时间，间接影响了主体评价的准确性和产销对接功能在市县的落实。

（三）对接实时性

使用自建系统的市县要想与"浙农优品"保持一致，实现场景落地和数据贯通，就必须做好省、市、县跨层级对接。相比于动态的迭代，对接总是静态滞后的，一次对接只能暂时解决部分问题，但随着省建应用不断升级，两者之间的差异将逐渐拉大。上一次对接和下一次对接之间的间隔期，往往成为场景落地和数据贯通的断档期。例如，某市自建系统在 2021 年初与"浙农优品"首次对接后，按照相关要求完善肥药购销记录，推动全市近 600 家农资店推行"实名购销"场景，但随着"浙农优品"升级配方肥推广统计功能，新增 N-P-K 配比判断和异常数据筛选清理等功能，而该市自建系统跟不上进度，配方肥推广电子台账数据暂时无法上传。

三、"浙农优品"的穿透贯通实践

（一）确定核心场景和功能

所谓核心场景和功能，是指数字化改革中先行开发建设、起到关键性作用、具有较强关联度、主体获得感明显的部分。"浙农优品"的核心场景，如"质量安全""定额施用"和"肥药购销"，它们面向对象广泛、系统变化大、前后关系紧密、数据量大、迭代升级快。一方面，在数字化改革时间紧、任务重的现实情况下，更有针对性地调动资源投入要素，对核心场景和功能的设计、开发、推广、迭代等各个环节进行优先保障，为尽早搭建起"浙农优品"总体架构并实现穿透贯通创造了条件。另一方面，核心场景和功能的确定，也进一步规范了先行先试、揭榜挂帅。核心场景和功能列入榜单，意味着只有具备先行试点资格的市县才能将核心场景及其相关功能进行迭代升级，而其他市县则侧重于实际应用，有效避免各地一哄而上，随意突破场景，过度分散，导致"浙农优品"难以贯通落地。

（二）协同业务流和数据流

"浙农优品"的穿透贯通，能从根本上解决"应用管应用、业务管业务"相互独立的情况，即不仅要在"浙农优品"应用上开发相关功能，使其在开展业务的过程中使用，还要通过流程再造等方式实现规则数字化，推动业务流与数据流高度协同。例如，"质量安全"场景下的农产品质量安全监控电子抽样模块，从2021年开始开发，虽然经过了几次升级和完善，但场景落地、功能实现、数据闭环等方面一直存在不足；2022年7月，浙江省农业农村厅正式以农安办名义下发通知，明确农产品监测抽样工作在线上进行，通过"浙农优品"发布任务、抽检、跟踪处理、统计进度等措施，加强各级业务干部、农业主体与"浙农优品"的联系，使得穿透贯通情况明显好转。

（三）一体建设组件加载逐级对接

在数字化改革先行试点后，市县各自建立的数字系统不在少数，例如杭州市和余杭区，分别在场景功能如"肥药购买""质量安全"方面进行试点创新。为了更好地实现跨层次对接"浙农优品"，通过研究制定了《"浙农优品"对接指南》，创新性提出"一体化建设、功能化组件、逐级式对接"总体原则。一是要求市县自建系统进行对接时，首先要将对应的业务场景整合到一个应用中，统一以该应用的名义对接"浙农优品"，避免各场景功能因不同单位负责、不同公司开发产生多头对接。二是从功能性、耦合性、逻辑性等维度出发，对一些数据和处理方法进行打包、封装，小粒度的为模块，大粒度的为组件，提供给市县自由组合使用，有效解决不同场景功能迭代升级带来的反复对接问题。三是"浙农优品"一般只与地市级应用对接，市本级和所辖县（市、区）的对接方案由各地市负责，县级的特色场景和功能不能越级直接接入"浙农优品"。在合理分配各层级对接任务的同时，防止市本级自建系统被越过而导致数据缺失。

第六章

"浙农优品"的集成创新与突出成效

第一节　业务流程再造

业务流程再造理念最早诞生于现代企业管理领域，20世纪90年代，美国管理学家迈克尔·哈默和詹姆斯·钱皮合著《再造企业》一书，明确提出再造理论概念——"为了取得经营业绩的戏剧性提高，企业应该再造经营——运用现代信息技术的力量急剧地重新设计每项业务的核心流程"。业务流程再造在企业建立顾客满意的工作流程、提升竞争力、适应未来发展空间方面发挥了重要作用。随着数字化基础设施的逐步完善，企业流程再造的思想和方法被应用于政府部门业务中，以优化服务流程、促进内部协调、提高公共服务质量。

"浙农优品"的流程再造，就是关注"农产品从田间地头到市民餐桌的

服务管理"的总目标，以人民需求为核心，把全部业务行为视作服务于总目标的流程集合，对原有业务流程进行全面重组，打通各厅局、各处室数据壁垒，形成总业务流程。在此基础上，根据肥药两制、质量安全等重点业务子场景的法定效用，区分用户角色、梳理各业务流程，或进行优化、或创新设计，实现子业务场景数据闭环、高效协作。在子流程与总流程的业务数据动态丰富、联系增强与效能实现中，不断更新迭代，形成良性互促的业务流程再造体系。

一、线下变线上

将传统的、线下的、分散的农产品生产过程中的业务统一集成到线上的、省级统建的综合性应用——"浙农优品"之中。梳理各单位、人员之间的业务关系，根据用户权限开设多类线上办理业务的入口。将相关业务予以整合，重新配置业务流程，利用互联网、大数据、云计算等技术手段，减轻办事压力，提升效率。比如"一标一品"子场景中，绿色食品、地理标志农产品申报业务长期面临着申报流程长、材料多、效率低、相关业务繁复的问题，场景在实现线上申报核心功能的基础上，更加注重系统模块综合集成，融合了无纸化监测、精准技术服务、一键授权管理、项目集成管理、队伍体系建设、优品宣传推荐等关联业务。同时，通过其与浙农优品上集成的其他子场景的打通，实现了检测报告一键提取，生产记录一键调取，现场检查一键记录，真正实现了业务流程交互化、业务指导即时化、业务过程痕迹化、业务数据集成化。

●亮点 1：第一个构建"一标一品"服务数智闭环

"一标一品"全称为地理标志农产品和绿色食品，是农业农村部认定登记的特色鲜明、竞争力强、市场信誉好的产业集群品牌和区域品牌，是我国优质农产品供给能力的重要代表和主要体现。2021 年 8 月以来，浙江省农场管理总站专门成立工作小组，全力攻坚"一标一品"模块数字化改革工作，率先在全国建成了"一标一品"管理服务数智闭环系统。主要体现在以下 3 个方面：

一是"一标一品"模块在实现线上申报核心功能的基础上，更加注重系统模块综合集成，融合了无纸化监测、精准技术服务、一键授权管理、项目集成管理、队伍体系建设、优品宣传推荐等核心业务，所有业务数据同步推送浙江乡村大脑，实现整个绿色优质农产品核心业务一件事集成办。二是申报主体在"浙里办"一键提交申报，农业农村部门在"浙政钉"一键受理。三是实现了检测报告一键提取、生产记录一键调取、现场检查一键记录、各种表单一键生成，真正实现了业务流程交互化、业务指导即时化、业务过程痕迹化、业务数据集成化。

● 亮点 2：第一个探索建立农业碳账户

农业碳账户是指对具有法人或独立核算权的种植、养殖、有机肥等企业（或组织）生产过程排放的温室气体、固定或抵扣的二氧化碳等数据进行收集、核算所形成的信息载体。

根据浙江省农业领域碳达峰行动方案，到 2025 年在全省创建 1000 个低碳生态农场。为了定量衡量低碳生态农场减排降碳、固碳增汇的作用，在"浙农优品"中的"双碳账户"模块探索建立农业碳账户，衢州市已试点建立农业碳核算地方标准，为农业碳账户核算提供核算公式。

二、长链变短链

业务流程再造是围绕最终结果来组织的，缩短了传递过程，清除和简化了非必要的、过分复杂的中间业务环节，事件的响应更直接更快速，消除了信息传达中的不对称现象，提高了业务部门决策的客观性、降低了行政成本。业务流程变短还推动了组织方式的变革，在农业农村系统信息传输速度整体提升的环境下，传统的垂直职能组织模式无法匹配高速的信息传输速度，亟须变革重塑为以流程为导向的水平组织模式，演化为更轻量级、扁平化、数智化的组织系统。

例如，在"产销对接"场景中，在实现供求信息的互通中，供应主体和采购商在考察互认环节，省去了大量线下调研过程。由政府背书的绿色生产主体、优质采购商，通过"浙农优品"实时监测，保障信用。应用搭建的开放信息平台，除了为主体、采购商提供发布功能，还对供应链企业自建系统开放接口，以保障供求信息实时互通。在农产品监测预警模型中，实现对重要农产品生产、市场价格的监测，分析重要农产品保供风险，在浙江省建立"菜篮子"市长负责制的基础上，风险节点与原因分析将及时传导至监管人员及责任市长，以便第一时间响应风险，作出保供调运或安排应急生产的决策。

●亮点 3：第一个推出共享冷库数字化服务

农产品冷链物流是连接田间地头和百姓餐桌的重要民生工程，也是强化冷链体系高质量建设的基础性工程，更是推动农业农村现代化发展的牵引性工程。中央连续多年在中央一号文件中关注冷链物流体系建设，浙江省委、省政府也作了专门部署，慈溪亦是全国数字乡村试点和农产品产地冷藏保鲜整县试点。在此背景下，慈溪首创"共享冷库"（即共享冰爽爽）应用，在全国第一个推出共享冷库数字化服务，提升冷库利用率15%以上。农产品生产主体通过"浙里办"可以查看冷库共享信息，实现冷库共享，延长供货周期，提高农户收益。2021年9月，农业农村部市场与信息化司领导在慈溪调研时考察了慈溪共享冷库数字化应用，并表示这是全国首创。《浙江慈溪推进共享冷库数字化应用》已经于2022年2月28日在"市场与信息化"2022年第7期上发布。

●亮点4：第一个实现农药包装废弃物回收全流程数字化

2013年，浙江省率先开展农药包装废弃物回收试点，并于2015年在全省范围内推广农药包装废弃物回收工作，实现农药包装废弃物回收全覆盖，回收率保持在90%以上。2016年2月4日，上级领导在省人民政府专报上作出批示："这是一项我省在全国率先实施的工作，已初显成效。"2020年，农业农村部和生态环境部联合发布了《农药包装废弃物回收处理管理办法》，在全国范围内推广农药包装废弃物回收工作。

2022年3月，浙江省农业农村厅与浙江省生态环境厅联合发布《关于推进农药包装废弃物回收处置体系数字化升级的通知》，切实抓好农药包装废弃物回收处置体系数字化升级，要求回收点、归集点全部上图入库，回收处置台账通过"浙农码"（农废码）留存，并与浙江省生态环境厅"浙里无废"打通，实现数据回流。

三、节点变过程

通过对现有流程中重要节点问题的分析、诊断，消除服务流程、数据贯通的障碍，补齐未形成业务线上办理的环节，贯通各个节点数据，变若干节点监管为全过程监测，实现全过程、连续性的管理和服务。比如农产品质量安全，通过应用实现了农产品抽检"抽样—检测—处置"全过程的监测预警。同时从抽检结果、合格证开具的相对独立转向推行合格证关联产品监测结果。为了提高关联率，在业务流程上，上线了电子抽检模块，将抽样单开具、与抽检机构检测的节点数据打通；在过程监管上，将食用农产品合格证集合为"三合一"浙农码，贯通农产品的生产记录，将产品定量和定性监测数据实时动态上传合格证，向社会公布检测结果；在业务协同上，与市场监管局对接，回流"浙食链"的数据，要求重点监管的农产品上链。为消费者选购绿色、安全农产品提供参考依据。

四、单线变闭环

面对业务内容规模扩大、环境复杂的情况，业务主管部门运用规范化的数字化技术，尽快构建业务数据闭环，替代业务流程中节点结果判断，打造智能化的治理工具，提高工作流程的数字赋能、运作效益。例如，为保障农业生态环境，以投入品为切口，构建肥药"进销用回"业务闭环，以替代单线的肥药使用量减少的估算。在进、销环节抓好农资店数据，通过肥药购买无感实名，提升农资店软硬件设施，构建肥药购销电子台账，打造农资零售新业态；通过主推配方肥推广任务的监督，核查提升购销台账的数据质量；通过推行化肥定额制，为主体施用提供指导意见，将"一户一业一方"精准施肥方案通过应用推送给主体，施用超限量会提示预警；通过构建农药包装废弃物回收处置体系全流程数字化，与浙江省生态环境厅联合抓好农废回收，以回收处置台账留存的"浙农码"（农废码）数据贯通浙江省生态环境厅"浙里无废"数据，实现对肥药投入品的闭环管理。

●亮点 5：第一个推行肥药购买无感实名

实施农药实名制购买，是完善农药经营方式、强化农药经营管理的重要举措，是改进农药使用机制、推进农药减量使用的重要基础。根据《农药管理条例》（2017 年 2 月 8 日国务院第 164 次常务会议修订通过），浙江省农业农村厅先后印发《关于加快推进农药实名制购销工作的通知》（浙农专发〔2019〕22 号）和《关于进一步加快实施农药实名制购买的通知》（浙农字函〔2019〕416 号），要求到 2019 年 6 月底，实现农药实名制购买全覆盖，农药经营门店 100% 安装农资信息化监管系统、100% 建立记录购销台账，在全国率先全面推进"农药购买实名制"。

2020 年，浙江省人民政府办公厅印发《关于推行化肥农药实名制购买定额制施用的实施意见》（浙政办发〔2020〕52 号），提出开展"肥药两制"改革农资店建设，加大"店内码"等农资产品电子标识应用力度，推行刷脸、刷卡等信息化购销方式，努力打造农资零售新业态。2021 年以来，浙江省农业农村厅组织开展"肥药两制"改革示范农资店建设，加大摄像头、读卡器、扫码枪等硬件设施配套力度，在全国率先推行"刷脸""扫码"等无感实名新方式。

●亮点 6：第一个推行化肥定额制

2018 年，浙江省委办公厅、省人民政府办公厅印发《关于再创体制机制新优势　高水平推进农业绿色发展的实施意见》（浙委办发〔2018〕64 号），在全国率先提出"探索建立化肥最高使用限量制度"。2019 年，经浙江省政府同意，浙江省农业农村厅、浙江省财政厅印发《关于试行农业投入化肥定额制的意见》（浙农科发〔2019〕23 号），出台化肥最高用量标准，在全国率先推行化肥定额制。之后，浙江省农业农村厅又先后印发《浙江省水稻化肥定额制施用技术指导意见》《浙江省主要经济作物化肥定额制施用技术指导意见》等17种主要农作物化肥定额指导意见。

化肥定额制试点在农业绿色发展先行示范项目县率先开展，主要内容包括制定主要作物化肥投入定额标准，建立智慧施肥App管理系统，推动规模主体建立肥料施用档案、签订化肥定额施用承诺书，鼓励综合采取免费测土、科学配方、合理替代、精准施肥等措施。2020年，浙江省人民政府办公厅印发的《关于推行化肥农药实名制购买定额制施用的实施意见》（浙政办发〔2020〕52号）明确规定，推进全省主要作物化肥定额施用标准落地执行，打造"一户一业一方"精准施肥模式。

●亮点7：第一个试点合格证达标制

食用农产品合格证制度，是农产品种植养殖生产者自我质量控制、自我管理、自我承诺或经检测合格上市的一种农产品质量安全监管模式。2016年，农业部在试点基础上部署开展食用农产品合格证管理试点工作，出台《食用农产品合格证管理办法》（试行），浙江省作为合格证管理首批6个试点省份之一，积极探索，率先在全国将合格证管理制度纳入地方性法规。自2017年5月1日起，全省实施合格证管理，全部规模主体都纳入食用农产品合格证管理，建立合格证管理生产主体信息库，形成了"一证（合格证）一码（追溯码）"为主导，"三品一标"、追溯码、动物产品检疫合格证明等相配套的合格证使用模式，并将合格证使用列入政策扶持、品牌建设、农产品放心市场建设等重要内容，构建了以食用农产品合格证为载体的产地准出与市场准入衔接机制。

食用农产品合格证提供了标准规范的信息格式，标注了农产品的品种、产地来源和生产主体介绍等信息，但存在农产品检测质控信息不完善等问题。浙江省通过试行合格证关联农产品质量安全监测结果，将农产品定量和定性监测数据实时动态上传合格证，向社会公布检测结果，作为消费者选购绿色、安全农产品的参考依据，可增加消费者认同度，进一步提高合格证的公信力。

第二节　体制机制创新

以化肥农药实名制购买、定额制施用改革为切入点，通过制定出台关于开展农业主体绿色发展评价等制度机制类文件6个，"肥药两制"改革综合试点县创建等行动计划类文件10个，"浙农优品"应用建设指南等规范指南类文件3个，深入推进高效生态农业集成改革，通过打造贯通农业生产全过程的肥药"进销用回"闭环，撬动农业生产各环节体制机制创新。

一、完善生产标准体系

2020年修订的《浙江省农产品质量安全管理规定》第十四条规定，"农产品生产经营中不得超范围、超标准使用农药、兽药、饲料和饲料添加剂、肥料等农业投入品"，这对农业绿色生产技术标准的细化和完善提出了要求。为了贯彻落实该规定以及相关法条，按照"有标采标、无标创标、全程贯标"的要求，以肥药定额施用标准为切入点，加快对农业生产全过程关键环节标准的制订和修订，形成了7种主要作物的农药定额施用标准和17种主要作物的化肥定额施用标准。推动建立现代农业标准化生产体系。在这个过程中，杭州市临安区发布了全国首个化肥施用限量地方标准。在此基础上，基于主要作物化肥农药定额施用标准，依托"浙样施""植保在线"等功能向农户提供施肥用药技术指导，改变以往凭经验、粗放式的生产方式，着力推动农业生产全流程标准化。

二、升级质量追溯体系

改革前，农产品合格证开具为承诺制，即农业主体对生产过程不使用禁限农药兽药、农残不超标等事项自行承诺并在产品外包装粘贴合格标识，该做法对于保障消费者权益、筑牢农产品质量安全具有积极意义。但承诺制合格证很大程度上依赖生产主体的道德诚信水平，存在合格证开具与产品抽检"两张皮"的风险，对质量安全的作用更多是事后追溯而不是事前预防。随着农业产业规模化、商品化水平不断提升，农产品大批量、跨省份流通销售成为常态，一旦出现农产品质量安全问题，影响面将是巨大的，对特定产业的打击是毁灭性的。此外，农业农村、市场监管等部门间业务协同、数据关联率不高，导致市场端、消费者难以查询到生产端的农业生产过程信息。

改革后，创新运用全省农产品规范统一的电子追溯标识"浙农码"（产品码），试点合格证、绿色食品、农产品地理标志通过"浙农码"（产品码）三合一集成展示，通过扫码可以查询农事操作记录、产品检测结果、品质认证等信息，解决了原先农产品信息分散、不全、难辨真伪的弊端，更好地保障了消费者的知情权。率先在规模生产主体上推行合格证开具与产品抽检刚性关联，即对产品抽检不合格的不予开具"浙农码"（产品码），产品码的效力和权威性明显提升。同时，大力推动农产品市场准入制度落地，一改原先农产品可以随意在批发市场、大型商场上市的做法，率先在蛙类水产品上实行入市索证制度，对没有"浙农码""浙食链"等质量凭证的产品不予进入市场。

三、健全绿色发展评价体系

2019 年，为整省推进农业绿色发展先行区建设，浙江制定出台农业绿色发展评价指标体系，该指标体系面向市县和示范区建设，侧重反映的是地方在工作体系、制度机制、基础设施等方面的进展和成效，更多的是体现当地党委、政府、农业农村部门的担当作为，该指标体系对于引导激励各地争优创先，高质量推动农业绿色发展具有重要作用。但该指标体系停留在区域层面，缺少与农业主体这个绿色发展的基本单位直接相关的内容，因而农业生产主体在其中的参与感、获得感并不强。

改革后，推动农业绿色发展评价向主体下沉，围绕产品抽检、产地环境、生产方式、主体信用等内容，创新建立农业主体绿色发展评价机制，通过"浙农码"（主体码）绿、黄、红三色码动态反映主体绿色发展水平。此外，围绕生猪、水稻等产业建立碳核算模型和标准，依托"浙农优品"开展农业生产过程监测，形成碳账户纳入全省"双碳数智"平台。通过对主体的评价和核算，区分出各类农业主体对于绿色高质量发展的不同贡献，有利于推动外部生态正效益内化，加强评价结果在生态补偿机制中的应用，让绿色生产的农业主体在政策扶持、项目安排、产销对接等方面获得优先考量。

四、深化产销对接体系

改革前，生产主体与供应链企业的对接渠道主要是靠分散的、区域性的线上线下活动，渠道不通畅、信息不对称、价格不及时、对接成本高等问题困扰双方，导致市场端和消费者难以辨别生产主体优劣，农业绿色生

产的价值无法反映在产品价格提升上。

改革后，围绕产品抽检、产地环境、生产方式、主体信用等内容，创设了农业主体绿色发展评价机制，选出优质主体推荐给供应链企业，帮助好主体找到好市场，好产品卖出好价钱。建立"浙农优品"产销对接联盟，通过发布供需信息、举办对接活动等方式，帮助农户及时获取最新资讯和价格行情，更好地拓宽农产品销售渠道。入驻浙农优品的240家采购商依据优质生产主体评价结果与944家优质生产主体建立合作关系。例如，新冠疫情期间，蔬菜应急保供受到考验，明康汇与优品生产主体进行对接，2022年为上海应急保供蔬菜550多万份。

五、构建肥药"进销用回"闭环机制

实名购买是加强肥药源头管控，抓好农产品质量和产地生态安全的重要保障。改革前，对全省肥药用量和废弃物回收的统计以样本调查（纸质台账）方式为主，存在样本代表性不足，肥药销售、使用、回收等数据难以获取，且无法贯通挂钩等问题。从中央环保督察反馈情况看，肥药减量数据需要进一步抓严抓实。

改革后，通过对浙江全省6800余家农资店落实肥药实名购买，2.63万家生产主体落实肥药定额施用，82家农废归集点应用"浙农码"（农废码），实现肥药及包装从农资店到生产主体再回到农资店的来源可溯、去向可追、用量可控、废物可收的肥药全程闭环。

第三节　实战实效凸显

"浙农优品"横向协同发改、生态等7部门，纵向贯通11市、87县（市、区），2.63万家生产主体、6800多家农资店、3000多名工作人员注册应用，日均访问量29.4万余次，在推进农产品生产标准化、产品优质化、产销一体化、环境生态化中发挥实战实效，正成为浙江省高效生态农业集成改革的主引擎。

一、破解发展中的难点问题

（一）推动肥药持续减量工作落实

中央环保督察指出浙江省农业存在用肥用药不严不实问题，要求在2022年底前整改销号。"浙农优品"在源头建立实名制购销网络体系，在过程中推广绿色防控、有机肥替代等绿色技术和生态模式，在末端完善废弃包装物回收体系，着力构建肥药来源可溯、去向可追、用量可控、废物可收的全程闭环。为确保顺利完成中央环保督察涉农问题整改销号，浙江省围绕"配方肥替代平衡肥"这项关键整改行动，基于"浙农优品"实时归集全省370余家农资批发店实名批发数据、6300余家农资零售店实名销售数据、2.63万生产主体实名购买数据，实现全省肥药"来源可溯、去向可追"，为浙江省45万吨配方肥推广提供了实时进度数据，11个市、87个县（市、区）的工作推进情况实时可查、周周晾晒、倒逼进度。此项工作已入选中央环保督察正面典型，生态环境部华东督察局来浙进行调研后，高度评价了浙江省以数字化应用推进问题整改销号的做法。

（二）实现农产品质量安全精密智控

"浙农优品"从主体追溯到全程追溯，实行绿色食品、地标产品合格证关联生产记录、检测结果与碳标签制度，通过"浙农码"一码集成展示，实现优品信用背书，推进优品品牌打造。针对过去农产品抽检与合格证开具"两张皮"，风险监测不及时不准确的痛点难点，开发"农产品质量安全监测预警"智能模型，通过全省定量监测和速测数据，智能识别出蛙类是风险产品，以及导致产品不合格的风险药物与风险高发区域。根据模型提供的决策建议，浙江省农业农村厅联合浙江省市场监督管理局、省公安厅印发《浙江省蛙类水产品质量安全专项治理方案的通知》，于2022年4月至7月初开展了专项整治，要求蛙类水产品必须凭检测结果开具合格证上市，推进追溯信息全上"浙食链"，实现质量安全闭环管理。产品抽检合格率稳定在98%以上，开具合格证64.7万批次，合格证检测关联率从2022年初的0.11%上升到9月份的40.43%，并推送给浙江省市场监管局"浙食链"37.4万批次农产品合格证数据。

（三）优化产销对接，推进稳产保供助农纾困

"浙农优品"基于农产品质量认定和农业主体绿色发展评价，科学、准确筛选出好主体、好产品，依托供应链企业、电商平台、批发市场等渠道，以及举办产销对接活动、提供共享冷库等衍生服务，更加便捷、高效、精准地推动产销对接，打通农产品优质向优价的转化通道。2022年上半年受新冠疫情影响，部分地区出现农产品供应不畅问题，滞销难卖和脱销断档同时出现，蔬菜应急保供受到考验。"浙农优品"通过对蔬菜在田面积、市场价格监测的预警，指导应急生产、疏通供应链、构建产销桥梁，例如，通过"浙农优品"有效解决了嘉兴在2022年4月份4000多吨蔬菜滞销问题。

而供应链企业明康汇也在上海疫情期间通过"浙农优品"为其应急保供蔬菜 550 多万份。

二、影响力和荣誉与日俱增

（一）主要荣誉

1."浙农优品"入选数字经济系统第一批优秀省级重大应用名单

2021 年 12 月，浙江省数字经济系统建设专班根据《浙江省数字化改革"最佳应用"评估指标体系》《数字经济系统考核评价办法（试行）》，组织现场路演、专家评分、数字经济系统重大应用联审小组审议，综合考虑历次全省数字化改革推进会交流汇报情况，公布了第一批数字经济系统优秀省级重大应用及优秀地方特色应用。其中"浙农优品"入选数字经济系统第一批优秀省级重大应用名单（见图 6-1）。

附件 1

数字经济系统第一批优秀省级重大应用

序号	重大应用名称	牵头（建设）单位
1	产业链"一键通"	省经信厅、瑞安市
2	新智造公共服务"智造荟"	省经信厅
3	工业碳效码	省经信厅、省统计局、省电力公司、湖州市
4	化工产业大脑	省经信厅、宁波市镇海区、宁波市、建德市
5	亩均论英雄3.0	省经信厅、平湖市、杭州市萧山区、武义县
6	数字贸易服务在线	省商务厅、杭州市滨江区、杭州市临安区、义乌市、杭州市富阳区
7	浙里关键核心技术攻关	省科技厅、金华市、新昌县
8	浙江畜牧产业大脑	省农业农村厅、桐庐县、桐乡市、长兴县
9	浙江知识产权在线	省市场监管局、绍兴市
10	浙里金融综合服务应用	浙江银保监局、人行杭州中心支行、省地方金融监管局、省财政厅
11	浙农优品	省农业农村厅、永康市、平湖市、仙居县
12	企业码	省经信厅、杭州市西湖区、嘉兴市南湖区
13	政采云	省财政厅、杭州市、台州市黄岩区
14	公共资源交易服务	省发展改革委、海宁市、义乌市
15	5G"一件事"	省经信厅、省通信管理局、省发展改革委、省自然资源厅
16	药品安全智慧监管"黑匣子"	省药监局、杭州市、湖州市、台州市
17	电机产业大脑	省经信厅、绍兴市上虞区
18	海外智慧物流在线	省商务厅、杭州市余杭区
19	浙农服	省供销社、平湖市

图 6-1　数字经济系统第一批优秀省级重大应用名单

2."浙农优品"荣获全省数字经济系统"优秀制度成果"表彰

2022年1月，浙江省数字化改革数字经济组公布了2021年度全省数字经济系统建设工作表彰名单，浙江省农业农村厅入选考核优秀省级单位，"浙江畜牧产业大脑""浙农优品"（"肥药两制"数字化改革）荣获"优秀制度成果"（见图6-2），浙江省农业农村厅主导推进先行先试的永康"肥药两制"全程数据追溯体系理论创新，荣获"优秀理论成果"。

优秀制度成果（26项）

优秀制度成果名称	推荐单位
浙江省数字经济促进条例	省经信厅
"未来工厂"标准体系	省经信厅
产业大脑制度标准体系	省经信厅
数字经济系统建设方案	省经信厅
浙江畜牧产业大脑应用	省农业农村厅
知识产权保护"一件事"集成改革行动方案（2021-2022年）	省市场监管局
浙江省工业企业碳效综合评价暨碳效编码细则	省统计局
外贸综合服务企业服务规范	省商务厅
工业企业碳效码系列制度创新	国网电力公司、湖州市
浙江省公共资源交易平台系统数据规范	省发展改革委
浙农优品（"肥药两制"数字化改革）应用	省农业农村厅

图6-2　2021年数字经济系统优秀制度成果名单

3."浙农优品"登上浙江省数字经济创新发展重大成果榜单

2022年7月，浙江省数字经济发展领导小组办公室公布浙江省数字经济创新发展十大标志性成果和重大成果名单。浙江省农业农村厅牵头建设的"浙江乡村大脑"被列入浙江省数字经济创新发展重大改革成果名单，"浙农优品"被列入浙江省数字经济创新发展重大应用成果名单（见图6-3）。

浙江省数字经济创新发展重大应用成果名单

序号	申报单位	成果名称	类型
1	浙江省财政厅	全国首家政府采购电子卖场试点平台——政采云	重大应用
2	中国银保监会浙江监管局	金融数字化改革的重要基础设施——浙里金融综合服务应用	重大应用
3	浙江省交通运输厅、宁波舟山港集团有限公司	综合交通"数字枢纽"智慧服务——"四港"联动智慧物流云平台	重大应用
4	江山市人民政府	细分行业中小企业数字化改造——江山模式	重大应用
5	丽水市大数据发展管理局	天眼守望助力"两山"转化综合智治应用	重大应用
6	浙江省农业农村厅	服务农业生产主体的数字化利器——浙农优品	重大应用

图 6-3　浙江省数字经济创新发展重大应用成果名单

4. "浙农优品"入选省委组织部开展的"三个要"攻坚克难案例

"疫情要防住、经济要稳住、发展要安全"是以习近平同志为核心的党中央统筹国内国际两个大局、统筹发展安全两件大事，在关键时刻作出的重要决策部署、提出的明确要求。①2022年5月，浙江省委组织部印发了《关于开展贯彻落实习近平总书记"三个要"要求攻坚克难案例挖掘推送使用工作的通知》。随后，浙江省农业农村厅推送"数字赋能高效生态农业集成改革——省农业农村厅创新打造'浙农优品'，擦亮'三农'金名片"的代表性案例，并成功入选省委组织部"三个要"攻坚克难案例集，为全省干部学习提供了良好素材。

（二）展示宣传

1. 在2021年中国农民丰收节主场亮相

2021年9月，浙江省农业农村领域数字化改革的重要成果——浙江乡村大脑在2021年中国农民丰收节全国（浙江嘉兴）主场活动（见图6-4）首次亮相，受到与会领导和嘉宾的好评。其中，浙农系列多跨应用场景采用省级统建和先行先试相结合的方式，重点推进浙农牧、浙农优品、浙农

---

① 分析研究当前经济形势和经济工作　审议《国家"十四五"期间人才发展规划》。人民日报，2022-04-30（1）．

促富等 10 余个浙农系列多跨场景建设，提升涉农信息服务能力和农业农村管理水平，驱动现代农业发展和乡村全面振兴。

图 6-4 2021 年中国农民丰收节（嘉兴）主场活动

2. 在"扎实推动共同富裕"高峰论坛上展示

2022 年 5 月，人民日报社和浙江省委共同主办的"扎实推动共同富裕"高峰论坛在杭州举行（见图 6-5）。论坛上，浙江省委改革办领导介绍了数字赋能共同富裕示范区建设情况，"浙农优品"等数字化应用在此次论坛上进行了展示。

图 6-5 中央电视台第 13 套相关直播截图

3. 在全国数字乡村建设现场推进会上展示

2022 年 7 月，中央网信办、农业农村部在浙江德清举办全国数字乡村建设现场推进会。会议提出，要瞄准农业农村现代化主攻方向，聚焦重点领域和短板弱项，扎实推进数字乡村建设。"浙农优品"数字化应用亮相此次现场推进会。

4. "浙农优品"主题宣传片入选浙江数字化改革成果献礼二十大展览（见图 6-6）

图 6-6   "浙农优品"主题宣传片截图

（三）领导批示

在德清举办的全国数字乡村建设现场推进会召开以后，浙江省农业农村厅向农业农村部提交了"关于浙江数字乡村建设有关情况的报告"，其中对包括"浙农优品"在内的"浙农"系列应用的建设推广情况作了总结汇报。该报告得到了中央农办、农业农村部相关领导的肯定性批示："浙江运用数字化改革重塑形成四大体系，与乡村振兴结合紧密，成效显著。请有关司局阅研，深入总结提炼有关经验，用数字化管理模式提升"三农"工作效能。"

（四）采访报道

1. 央视采访王通林厅长：浙江要为全国农业农村现代化探好路

关于在2022年浙江如何贯彻落实习近平总书记重要指示和中央农村工作会议精神，有哪些创新举措？在高质量发展建设共同富裕示范区、现代化建设和数字化改革等大场景下，浙江"三农"工作将如何发力？2022年1月3日，央视记者采访了浙江省委农办主任、省农业农村厅厅长王通林。王通林指出："我们将把'三农'数字化改革作为浙江的又一张金名片来打造。目前，浙农码用码赋码量已经突破1000万，形成了浙农优品等16个数字化应用场景，有效地激发了数字、数据对乡村振兴的放大、叠加、倍增作用，农民群众获得感很强。"

2. 浙江电视台《政策面对面》两期采访唐冬寿副厅长

2022年2月28日播放第一期，主题为——"浙农优品"数字赋能"肥药两制"改革。主要对"浙农优品"建设的品牌定位、需求导向及7个核心场景实现路径进行宣传与报道，其中唐冬涛副厅长介绍了"浙农优品"是浙江省"肥药两制"改革的数字化载体，是浙江省农业农村厅16个"浙农"系列重大应用之一，被评为2021年度省数字经济跑道最佳应用。

2022年3月7日播放第二期，主题为："浙农优品"为民服务数字化工具。唐冬寿副厅长介绍了"浙农优品"的场景数据流集成、共享与贯通的过程以及"浙农优品"如何进行风险管控等内容，并展示了"浙农优品"的数字化改革主体全上线的主要成效以及该应用在流程再造与制度重塑实现的突破。"浙农优品"正逐步迭代升级为实用管用好用的为民服务的数字化工具。

3. 新华网报道

2022 年 1 月 26 日，新华网以"浙江以'肥药两制'数字化改革撬动农业绿色高质量发展"为题进行报道（见图 6-7），相关内容如下：

> 浙江首创农药化肥实名制购买、定额制施用的"肥药两制"改革，有效推进了农业农村污染治理体系和治理能力现代化，高质量落实了农业绿色发展各项任务举措。为把握浙江省数字化改革重大契机，持续深化"肥药两制"改革，撬动农业绿色高质量发展，浙江省农业农村厅创新开发"浙农优品"数字化应用，从农业源头投入的"小切口"入手，打造绿色优质农产品生产服务"大场景"。

2022 年 5 月 9 日，新华网以"浙江省平湖市：打造'浙农优品'三全模式"为题进行报道（见图 6-8），相关内容如下：

> 2021 年，平湖市农业农村局出台一系列惠民强农政策，打造"浙农优品"三全模式助推乡村振兴。通过数字化改革，搭建农药、化肥等投入品"进—购—用—回"一体化平台，覆盖全市所有农资店和规模追溯主体，实现药肥的闭环管理，从源头上控制肥药施用量，同时通过测土配方施肥、绿色防控、农田退水"零直排"治理等技术措施，实现源头控制、过程减量和末端减排。以"主体全覆盖、场景全落地、数据全闭环"推动绿色生态农产品生产管理和生态环境保护，结合产

图 6-7　新华网相关报道截图（一）

资料来源：http://zj.news.cn/2022-01-26/c_1128303153.htm.

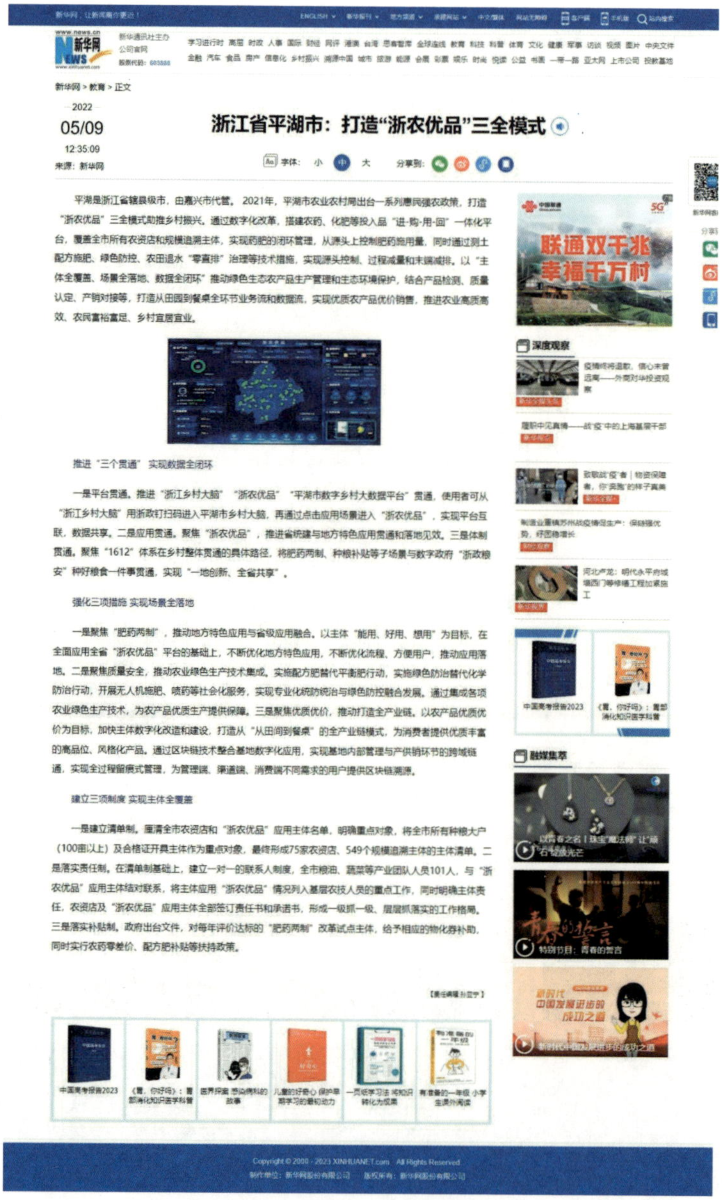

图 6-8　新华网相关报道截图（二）
资料来源：http://education.news.cn/2022-05/09/c_1211645138.htm.

品检测、质量认定、产销对接等，打造从田园到餐桌全环节业务流和数据流，实现优质农产品优价销售，推进农业高质高效、农民富裕富足、乡村宜居宜业。

4. 农业农村部官网报道

2022年1月7日，农业农村部官网以"引领稻渔综合种养 促进永康渔业可持续发展"为题进行报道，相关内容如下：

> 永康将稻渔综合种养稻米和水产品纳入永康市农产品质量安全监管系统，依托"农安永康"和"浙样施"App，以"浙农优品"为抓手，加强数据更新动态维护，实现稻渔综合种养产品质量全程跟踪与服务。加强市镇两级质量安全监管能力建设，加强水产品质量安全执法，永康市对规模化稻渔综合种养主体抽检共计23家，稻米和水产品26批次，产品检测合格率达100%。

2022年8月16日，农业农村部官网以"锚定共同富裕 乘势先行担当——浙江依法推进乡村全面振兴纪实"为题进行介绍（见图6-9），相关内容如下：

> 2021年以来，"浙江乡村大脑"系统架构基本成形，形成"1＋16"浙农系列场景应用，"浙江畜牧产业大脑""浙农富裕""浙农优品"等一批场景入选浙江省数字化改革最佳应用。

图6-9　农业农村部相关报道截图

资料来源：http://www.moa.gov.cn/xw/bmdt/202208/t20220816_6406984.htm.

5. 农民日报报道

2021年11月26日，《农民日报》以"浙江'肥药两制'数字化改革再加速"为题进行报道（见图6-10），相关内容如下：

　　"肥药两制"数字化改革在应用开发和落地上均取得了阶段性成效，名为"浙农优品"的应用将在年底正式上线运行，届时可初步实现改革主体诉求一指办理、业务干部工作执行一贯到底，全省11市、86个涉农县也将全部实现数据跨级联通。

2022年1月28日，《农民日报》以"'浙农优品'赋能'肥药两制'改革"为题进行报道，相关内容如下：

　　"浙农优品"通过构建实名购买、定额施用、质量安全、一标一品、产销对接、农废回收、双碳账户7大多跨场景，再造植物医生、土肥专家等12个流程，推出40项服务功能，锁定农产品抽检不合格、肥药超限量超范围等11个风险控制点，创新生产标准、质量追溯、主体绿色评价等5项体制机制，推动实现业务全穿透、主体全上线、地图全覆盖、风险全管控、服务全集成、一码全贯通。目前，"浙农优品"由驾驶舱、浙政钉、浙里办组成的"一舱两端"整体架构基本成型，全省11市、86个涉农县全部实现数据跨级联通，各项功能逐步迭代升级、延伸拓展，已有4.6万家农业生产主体和8496家农资经营主体上线应用，日活跃度8万余次，累计开具食用农产品合格证20.1万批次、561万张，正成为实用、管用、好用的数字化工具。

2022年2月22日，《农民日报》以"浙江乡村，数字变革风正劲"为题进行报道（见图6-10），相关内容如下：

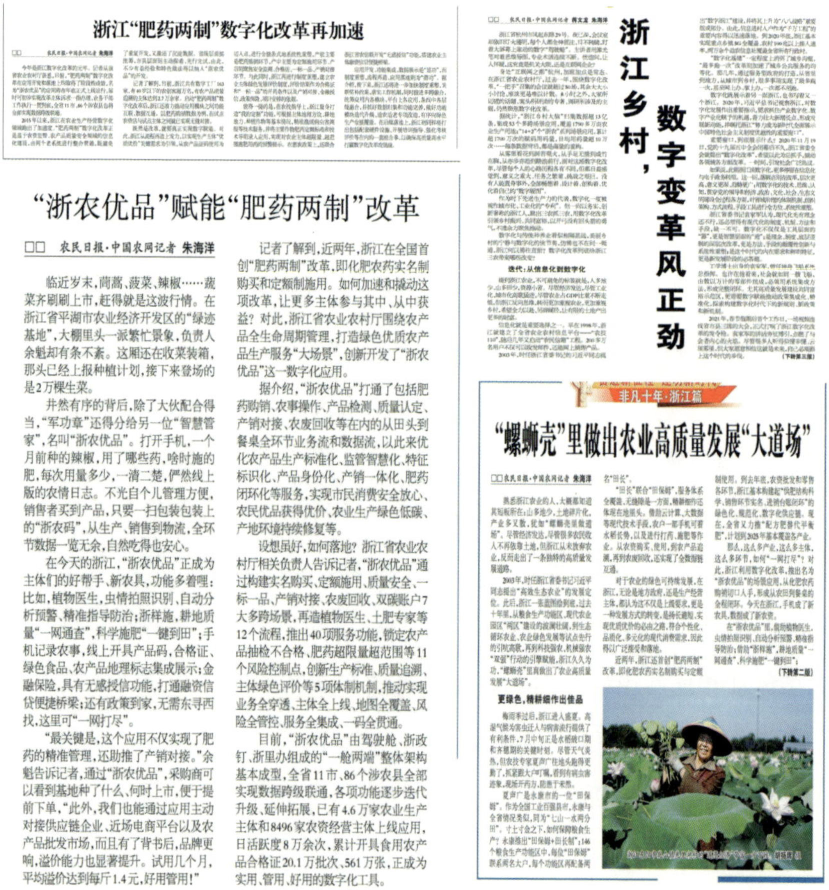

图6-10　《农民日报》相关报道

数字化投入需要品牌溢价得以变现，而品牌要打响，同样需要数字进行品质背书，两者相辅相成，方能相得益彰。对于该观点，大家趋于一致，因此几乎每天，科教处、质监处和产业处等相关处室的人马都会碰头谋划，如何通过"浙农优品"重塑产销关系。

目前，品牌综合指数的构架正逐渐清晰，包括了品质指数、管理指数、态度指数和行为指数，其核心就是真正打通生产管理与市场消费之间的连接。而这不仅是"浙农优品"的痛点所在，也是不少"一县一品"产业发展遇到的最大阻梗。

2022年7月22日，《农民日报》以"'螺蛳壳'里做出农业高质量发展'大道场'"为题进行报道（见图6-10），相关内容如下：

近两年，浙江首创"肥药两制"改革，即化肥农药实名制购买与定额制使用。到去年底，农资批发和零售各环节，浙江基本构建起"供肥结构科学、销售环节实名、进销台账闭环"的绿色化、规范化、数字化供应链。

那么，这么多产业，这么多主体，这么多环节，如何"一网打尽"？对此，浙江利用数字化改革，推出名为"浙农优品"的场景应用，从化肥农药购销切口入手，形成从农田到餐桌的全程闭环。今天在浙江，手机成了新农具，数据成了新农资。

在"浙农优品"里，借助植物医生，虫情拍照识别、自动分析预警、精准指导防治；借助"浙样施"，耕地质量"一网通查"、科学施肥"一键到田"；农民用手机记录农事，线上开具产品码；消费者一扫二维码，便可知晓产品"前世今生"；此外，农户还能"无感授信"，零距离获取普惠金融。

第七章

数字赋能浙江高效生态农业的典型案例

第一节　案例之永康——全力推动"浙农优品"落地见效

永康市位于浙江省中部，是著名的"中国五金之都"，全国百强县市，工业经济实力雄厚。永康市素有"七山一水二分田"的说法，土地面积 1047 平方公里，2020 年国内生产总值 6397846 万元，其中农业增加值 89867 万元，仅占 1.4%。2021 年永康市完成首批省"肥药两制"综合改革试点县创建。现在永康市的"浙农优品"农业主体数 395 家，入库 389 家，主体覆盖率 98.48%，激活 384 家，主体激活率 97.94%；农资店 62 家，覆盖率 100%，实名销售 100%。

一、改革背景

一直以来，农业生产的各个环节互不关联，农资购销、农药化肥使用、农废回收、产品合格证开具等环节脱钩，没有形成有效的数据闭环。一方面，政府部门不能及时掌握农药化肥的购买和使用总量、品种等情况，不能及时给予生产指导和宏观决策；另一方面，农业主体进行生产记录时需要多次重复手工记录相关农药化肥的品种、生产厂家、批次、批准文号等信息，不仅繁琐、重复内容多，而且因为是纸质的，不能随身携带，就不能及时获得农药化肥使用信息；还有原先的合格证仅有生产主体和产品信息，与生产记录、农产品检测等没有关联，对产品质量没有体现。

根据浙江省数字化改革要求，为既方便广大农业生产主体使用，政府部门又能及时掌握农资购买使用信息，我们提出了肥药两制全程数字化管理模式，并实现农产品质量安全全程追溯。

二、主要内容

2020年开始，永康市作为浙江省农业农村厅首批肥药两制改革试点县和先行先试县，努力探索"肥药全程一件事管理"，构建肥药"来源可寻、去向可追、使用可查、农废可收、定额可控、全程可管"数字化改革目标，取得了丰硕的成果，《浙江政务信息（专报）》第389期刊登了《永康市探索"肥药全程管理一件事"追溯体系 构建农业绿色发展新格局》，并获得上级领导批示肯定；《永康"肥药两制"全程数据追溯体系理论创新》被评为浙江省数字经济系统优秀理论成果；为浙江省农业农村厅建设的"浙农优品"，被评为省数字经济系统第一批优秀省级重大应用，取得了先行先试经验。

（一）率先提出肥药全程管理一件事

在浙江全省率先实施"肥药一件事管理"，打通农药管理堵点，升级全省农资购销系统永康子系统和农产品质量安全监管平台永康市子平台，实现数据共享，使农药实名制购买、农药使用、农产品质量控制、产品检验检测、合格证打印和废弃农药包装回收等环节无缝衔接，达到来源可寻、去向可追、使用可查、农废可收、农残可控、全程可管的目标。

（二）系统平台率先融合，打造全程监管模式

永康市率先融合优化现有的浙江省农资产品监管服务信息化平台永康子平台和浙江省农产品质量安全追溯平台永康子平台，在全市范围内实现两大系统之间的业务互联互通、数据实时共享。实现"农资购买—农资使用—农产品追溯—农废回收"全数据链互通。以农资实名制购买为重点，实现来源可寻和去向可追；以"永康农业主体"App，生产档案电子化为重点，实现使用可查；以数据化预警管理为重点，实现定额可控；以风险监测和执法为手段，实现农资全程监管；以智慧监管为手段，实现农资购用回全程监控。

（三）科学合理设置定额控制模块

在"肥药两制"系统中，设置肥料定额预警模块和农药定额预警模块，解决了"肥药两制"中对农药化肥施用控制的最核心问题。

农药定额管理：自动导入生产田块及品种所使用农药的统计情况，并与 567 克/亩的限额用量进行比较，80%—90% 的进行蓝色预警，达到 90%—100% 的进行黄色预警，100% 以上的进行红色预警。

肥料定额管理：自动导入生产田块及品种所使用化肥的统计情况，并与浙江省农业农村厅和永康市公布的推荐用肥量数量进行比较确定预警级别，超过推荐标准的进行红色预警。

红转绿处理：对化肥和农药显示红色预警的农业生产主体，农技人员

或监管人员及时进行调查了解，提出监管建议或技术措施，农业生产主体接受后红色预警转变成绿色，消除红色预警。

另外，设置了生物农药目录，鼓励使用生物农药，生物农药的使用不计入农药的预警统计中。

（四）全面开展刷证实现农资实名制购买

2019年即为永康全市63家农资店全部配备身份证扫描仪，实行实名销售农资，农业生产主体通过扫描身份证实现实名购买，购买的农资信息与农业主体的企业人员进行关联，同步推送到农业主体App的库存。

（五）引入农事档案电子化简化记录

农业生产主体通过实名制购买的农资信息自动导入，在使用时多采用选择框选择农事操作内容和所使用的农资，只要简单地输入所使用农资的数量，加上一些简单的说明和现场拍照即可完成记录，并且可以很方便地一次输入多种农药或化肥，有效地推进农事档案电子化进程。

（六）合格证使用与农事档案信息相关联

农业生产主体对每一种农药在不同的农作物上的安全间隔期进行自行设置，开始施用该农药时系统自动进行农药安全间隔期预警。合格证打印与农药安全间隔期、检测记录、农事操作等相关联，达到农药安全间隔期要求、农产品质量检测合格、农事记录正常的农产品才可开具食用农产品合格证，确保农产品质量安全。

（七）探索"五个一"的"农废一本账"回收模式

坚持绿色发展理念，数字赋能，顶层设计，试点先行，建立一个全域回收网络："农废一本账"记录、一套回收储运处置流程、一套回收政策体系、一套农废回收的工作机制。针对农废回收难、监管难，梳理回收操作流程，依托"浙农优品"应用"肥药购销"模块，设置"农废一本账"电子台账，废弃农药（肥料）包装、废弃农膜可通过农资店进行回收，回收网点将回收信息录入，并通过"浙农优品"应用"质量安全"模块同步关联至农业生产主体端，对农废数量进行确认和提醒，方便进行监管和统计，实现"农废一本账"管理永康模式。

（八）全省首创"水稻电子诊所"

根据永康市夏声广研究员的丰富研究成果，与浙江省农科院合作开发"水稻电子诊所"，并集成到"浙里办"，通过设置病虫害鉴定、水稻生长监测、病虫害发生咨询等 15 个服务模块，线上实时指导病害防治，为农户提供智能优质农技服务。

（九）推行配方肥"浙样施"+"浙农优品"互联互通的永康模式

开发"浙样施·永康"智慧施肥 App 并集成到"浙里办"的"浙农优品"应用。农户均可以通过手机端接收最新土肥资讯，根据需求查询田间的土壤特性，获取基于定额制的不同作物施肥方案，科学施肥，减少不合理用肥。以优先支持规模农业主体配方肥应用为主线，以"浙农优品"购销记录管控为抓手，以"浙样施"按方施肥落实为支撑的"浙样施"+"浙农优品"互联互通的永康模式是浙江省农业农村厅推广的 7 种模式之一。

（十）率先开展"共享发码机"服务，增设散户开具承诺合格证一体机

在主要农产品产地、菜场等地设置散户自主开具合格证一体机 8 台，方便散户开具合格证。经过几年运行，可以积累散户农产品销售情况和农资购销情况，建立相关基础数据，为将来加强监管提供依据。

三、改革成效

对永康市"肥药两制"工作创新、经验进行总结提炼，形成永康市"肥药两制"全程数据追溯体系理论创新。

（一）理论创新性

永康"肥药两制"全程数据追溯体系理论创新，一是提出"肥药全程一件事"流程管理理念。肥药进入永康市后，对其进行全流程跟踪、全环节监管，对销售、使用、残留、农废、产品合格进行闭环管理。二是提出肥药"来源可寻、去向可追、使用可查、农废可收、定额可控、全程可管"管理目标，贯穿购销、生产使用、产品销售全过程，梳理全程管理分工负责、协同推进机制。三是提出肥药定额施用数据化，提出限额预警的理论和做法，让肥药定额施用成为可能。四是提出生产记录数据化，农产品质量合格证与生产记录相挂钩，让农产品全程追溯呈现给消费者成为可能。

（二）实践指导性

在永康"肥药两制"全程数据追溯体系构建实践中，一是升级和打通全省农资购销系统永康子系统、省农产品质量安全监管平台永康市子平台数据链接，升级"农安永康"智慧监管App平台，开发"永康农业主体"APP，实现数据互联互通，互为条件、互为印证。使肥药"进—销—用—回—合格证"等环节数据链闭环；二是通过"永康农业主体"App，农民只需"选择与填数据"操作，就能完成生产过程电子化记录；三是农资店销售端、农民生产端、政府监管端、市民消费端实现数据流动，让"四者"在线上交汇，这些做法和实践具有非常好的现实意义。

（三）改革突破性

永康"肥药两制"全程数据追溯体系构建与实践为浙江全省"浙农优品"场景应用开发的顶层设计、制度规范形成提供了实践依据。永康先后提出农药全程一件事管理流程、"肥药两制"分级分行业分镇街区推广制、"肥药两制"示范主体评定办法、"肥药两制"主体绿色发展评价机制、"肥药两制"改革农资店创建方案等系列工作制度。同时重塑服务流程，实现农技人员与农技主体线上对接、农技推广线上留痕。

（四）示范引领性

永康"肥药两制"全程数据追溯体系做法，得到各级领导和专家的肯定与支持，2020 年 7 月浙江省府办公厅第 389 期《浙江政务信息（专报）》刊载了《永康市探索"肥药全程管理一件事"追溯体系 构建农业绿色发展新格局》一文，并得到上级领导的批示肯定。

（五）推广价值性

永康"肥药两制"全程数据追溯体系做法，得到浙江全省农业农村系统高度关注，浙江省农业农村厅农业绿色发展专题简报刊载《永康坚持数字赋能闭环管理 提升"肥药两制"改革智治水平》；《新农村》杂志 2021 年第 6 期刊载《永康"农药全程一件事管理"探索》；先后共四次在浙江省肥药两制改革（科教）推进会、座谈会介绍经验。先后有 20 多个县（市、区）到永康学习交流。浙江全省共有 40 多个县（市、区）复制推广了永康"肥药两制"全程数据追溯经验，为全省开发应用"浙农优品"场景奠定了坚实基础。

第二节　案例之平湖——数字引领农业新"智""态"

一、基本情况

平湖地处东海之滨，位于浙江省东北部，北接上海市，南濒杭州湾，素有"鱼米之乡、文化之邦"之"金平湖"美誉。平湖市聚焦农业高质高效、乡村宜居宜业、农民富裕富足三条跑道，依托数字化改革助推数字农业农村高质量发展，奋力打造农业农村现代化先行地。

2019年以来，平湖市先后列入第一批省级乡村振兴产业发展示范建设县、省级乡村振兴集成创新示范建设县和省数字乡村试点示范县，2020年又列入国家数字乡村试点市。2021年获国家级电子商务进农村综合示范县（市、区），列入浙江省"浙农优品"和"浙农险"应用试点市；连续三年获评全国县域数字农业农村发展先进县；连续9年获得浙江省乡村振兴（新农村建设）优秀县（市、区）称号。平湖数字农业、数字乡村和数字化改革工作成果先后受到各级领导批示肯定。4个案例入选全国典型案例，"浙农补"等8个应用场景先后列入省级试点。

二、建设思路

坚持围绕"现代智慧生态农业"建设，以产业数字化、数字产业化为发展主线，以数字技术与农业农村经济深度融合为主攻方向，以数据为关键生产要素，加强农业基础数据资源和数字生产能力建设，加快农业生产经营、管理服务数字化改造，强化数字装备技术推广应用，推动农业生产智能化、经营网络化、管理高效化、服务便捷化，用数字化引领驱动农业农村现代化，为实现乡村全面振兴提供有力支撑。

一是加强基础数据资源建设。开展农田数字化设备建设，应用田间摄像头、微型气象站、田间无人机起降台、田间水质监测、田间病虫害监测等设备，将信息化、自动化、智能化技术与作物栽培技术相结合，实现高标准农田的无人化生产和智慧管理。

二是加快生产经营数字化改造。推进农业生产信息化，构建病虫害测报监测网络和数字植保防御体系，推进农产品质量安全管控全程化，打造从田园到餐桌全环节业务流和数据流，实现农产品优质可控。

三是加快数字装备技术推广应用。深入实施"农业双强"行动，强化智能装备技术集成应用与示范，开展3S、智能感知、模型模拟、智能控制等技术及软硬件产品的集成应用和示范，加强数字农业科技创新数据与平台集成服务。

四是推动管理服务数字化转型。健全重要农产品全产业链监测预警体系，加强市场信息发布和服务，帮助农民解决"种什么、怎样种、怎样卖"等生产经营瓶颈问题。建设一批数字化农业综合服务中心，提升农业生产生活智慧化、便捷化水平。

三、主要成效

（一）固本强基，数字化基础设施建设全面加强

一是数字农业基础设施得到全面改造。建成市级智慧农机管理服务中心，北斗农机管家应用装备达到400余台套，实现全市农机动态监管、实时调度和精准作业。建成水稻"两迁"害虫智能测报点9个，蔬菜昆虫性诱智能测报监测系统4套，病虫害智能监测预警全域覆盖。农田高清地图、RTK导航网络、农业物联设备等数字农业基础设施不断完善，农业无人机、

自动驾驶系统等智慧农机装备全面应用。"粮食生产中农机全程数字化应用""智能病虫害监测系统集成应用"入选"2021 全国数字农业农村新技术新产品新模式优秀案例"。农田数字化建设不断推进，为智慧生态农业的发展提供坚实基础保障。

二是数字乡村大数据平台不断优化。建立平湖全市统一的"三农"数据资源标准规范和数据资源目录，形成分级建设上下连通的省市县农业农村大数据。2022 年已对接包括省、市、县、乡镇各级业务系统 100 个，完成数据归集 2061 项，开放接口服务 74 个，构建主题数据库 10 个，数据存量达 2.6 亿条，数据交换量日均 37.4 万条，已完成人、事、物等 27 张图层上图入库。在应用中枢，集成各领域 26 个特色应用数据，通过数据共享，实现业务协同，赋能农业产业、乡村治理和农民生活，让越来越多的农户成为农业农村数据采集的"传感器"，实现数据的"取之于民、用之于民"。同时，积极推进"平湖市数字乡村大数据平台"与"浙江乡村大脑""浙农优品"贯通，实现平台互联，数据共享。

三是数字农业发展先行区成效显著。2017 年，平湖市成立浙江省首个农业经济开发区，以工业的理念发展农业，像重视城市建设一样推进农村建设。通过建设"1+N"数字农开平台，即 1 个数字农业指挥中心，N 个应用（包括办公设施设备和国有房产管理系统、项目管理及办公自动化管理系统、河道水质监测系统、垃圾分类监测管理、智慧党建服务管理系统、智慧乡村旅游管理系统等），实现对农开区多源多维数据归集治理及应用。2017—2022 年，共引进新型农业项目 39 个，总投资超 43 亿元，入驻数字农业经济开发区的现代农业企业遵循平湖市数字乡村大数据中心数据规范和接口标准，打造了一批组培、蔬菜、鱼菜共生等数字工厂，加码数字技术赋能，打造了一个以"农业硅谷、农创高地"为目标的数字农业经济开发区。

（二）模式创新，数字化农业场景应用全面贯通

一是上线"浙农服"场景应用。以深化"三位一体"为改革主线，推动各类为农服务资源不断向平台集聚，为农服务新模式"浙农服"系统获浙江省改革突破奖，并在全国推广，一站式解决了农民种什么、怎么种、卖给谁、找资金、办保险、领补贴等问题。该应用自 2021 年 7 月上线运行以来，已注册平湖市农民超 5.4 万人、农业经营主体超 2000 家，信息交互日均 1.2 万条，归集数据 580 多万条，农产品交易累计 577.3 万笔，交易金额超 3.2 亿元，发放区域品牌及农废回收等补贴 231 万元，促成农业信用贷款 152 笔、1.5 亿元。

二是上线"浙农补"场景应用。围绕粮食生产流程，拆解出生产基础能力、稳产能力、保供能力、政策支持等 4 项一级任务，细化成耕地保护补贴、种粮补贴、农机补贴、粮食保险等 15 项二级任务，直至最小子任务 178 项。截至 2022 年 7 月共上线规模种粮补贴、旱粮补贴、油菜补贴、耕地地力保护补贴、配方肥和农机购置等六大类补贴。补贴流程由 9 个环节减少到 3 个，补贴申请到发放的时间由 5 个月缩短至 5 个工作日，实现"一键申领、一键直达、一图监管"。2021 年 7 月 1 日上线一年后，累计发放规模种粮补贴、耕地地力保护、配方肥等补贴资金 1.4 亿元。

三是推动场景应用全面贯通。聚焦"浙农优品"，推进省统建与地方特色应用贯通和落地见效。如种粮主体可通过"浙农补"，自动关联试点主体种植田块面积；通过"浙农服"，自动关联主体刷脸购买农资、农药、废弃包装物回收记录信息库；通过"浙样防"终端扫码自动上传农资使用

记录等，可以清晰地反映肥药投入品哪里买的、谁买的、用在哪些田块、用了多少、回收了多少等信息的全闭环数字化管理，各环节的数据实时归集到"浙农优品"，实现了农产品的全程可追溯。

（三）产业引领，智慧生态农业建设不断深化

一是加快农业数字化改造。围绕绿色蔬菜、精品瓜果、生态渔业等特色优势产业，已累计培育数字农业示范园区6个，建成数字农业工厂8座，完成种养基地数字化改造48家。2021年全国农业农村信息化能力监测数据显示，平湖市大田种植、设施栽培、畜禽水产养殖中的信息化率分别为96.18%、91.4%、100%，均高于全省平均水平。

二是推动"浙农优品"全面应用。按照"主体全覆盖、场景全落地、数据全闭环"的要求全面推进"浙农优品"落地见效，搭建农药、化肥等投入品"进—购—用—回"一体化平台，实现肥药的闭环管理，从源头上控制肥药施用量，同时通过测土配方施肥、绿色防控、农田退水"零直排"治理等技术措施，实现源头控制、过程减量和末端减排。平湖全市73家农资经营单位100%安装人脸识别一体机终端，通过农资信息化监管系统100%建立购销记录台账，576个规模追溯主体"浙农优品"应用实现全覆盖，基本实现信息数据化、购销实名化、监管实时化、服务网络化。2021年，平湖全市化肥施用强度控制在（折纯量）25.94公斤/亩，农药施用强度（折百量）0.148公斤/亩，主要农作物测土配方技术覆盖率93%、病虫害绿色防控覆盖率57.8%、统防统治覆盖率46.1%，绿色优质农产品比率60.1%，共建设农田氮磷生态拦截沟渠45条，总长度52.18公里，农田退水"零直排"覆盖面积2.17万亩。

三是打造农业全产业链示范标杆。以农产品优质优价为目标，打造"从

田间到餐桌"的全产业链模式，为消费者提供优质丰富的高品位优质农产品。如绿迹数字农业工厂，依托数字化转型打造了一个从育苗到销售全过程进行数字化管控，最小管理颗粒度可落实到"单个人、单棵菜"的标准化数字农业示范基地，实现了"浙农优品"场景全落地。通过自主研发"农智云"平台，将农业生产实行从实名制购买、定额制施用到产销对接的全过程标准化管理，对基地的每一作物种植周期进行闭环管理。通过水肥一体化、环境传感器、园区小气象站、北斗高精度差分地面站、植保机器人、水质在线监测站、视频监控等农业智能化装备，实时采集环境信息，根据作物生长模型，精准控制大棚生产环境，实现精准施肥。通过区块链技术整合基地数字化应用，实现基地内部管理与产供销环节的跨域连通，实现全过程留痕式管理，为管理端、渠道端、消费端不同需求的用户提供区块链溯源，农产品生长环境指标、投入品、农事、农残检测、销售、购买、评价等信息一码通查。基地生产减少灌溉用水量 10%，减少肥料、农药施用量 15% 以上，产量和销售单价分别提高 30% 和 15%，并带动周边 30 余个农业主体进行产销一体化合作，覆盖设施农业面积 2000 余亩，带动周边农户增收 4000 万元。

第三节　案例之安吉——"白茶产业大脑"赋能共同富裕

安吉是"绿水青山就是金山银山"理念诞生地。2005 年 8 月 15 日，习近平总书记在安吉余村首次提出了"绿水青山就是金山银山"的科学论断[①]。多年来，安吉县以此为引领，统筹推进山水林田湖草系统治理，积极

[①]　绿水青山就是金山银山——习近平总书记在浙江的探索与实践·绿色篇。浙江日报，2017-10-08（1）.

探索"绿水青山就是金山银山"转化路径，逐步实现了从生态立县到生态强县的转变。全县植被覆盖率、森林覆盖率常年保持在70%以上，地表水、饮用水、出境水达标率均为100%，空气优良率维持在95%以上，被誉为气净、水净、土净的"三净之地"，先后获评全国首个生态县、联合国人居奖（首个获得县），成为新时代浙江（安吉）县域践行"绿水青山就是金山银山"理念综合改革创新试验区。

一、改革背景

安吉的一方好山好水，自然孕育了"形如凤羽、色如玉霜、甘甜清澈"的安吉白茶。"一片叶子富了一方百姓"的绿色发展路径得到了习近平总书记的肯定，牢固树立了安吉白茶的品牌，茶农增收，茶企增效。截至2022年7月，安吉县共有标准化茶园20万亩，茶企（农）1.7万户，年产量2100吨，产值32亿元，带动全县农民人均增收8800元。安吉白茶公用品牌连续13年跻身全国茶叶类区域公共品牌十强，品牌价值达48.45亿元，先后被省部委授予中国驰名商标、中国名牌农产品、中国优秀全域公用品牌等，"安吉白茶"商标在30余个国家和地区进行国际注册，并被纳入第一批中欧地理标志产品互认证推进目录。

二、需求分析

当前安吉白茶产业"百年品牌、百亿产值"战略已经进入攻坚克难的最紧要阶段，数字化、一体化、现代化改革迫在眉睫，势在必行。政府方面，需要保护安吉白茶品牌，维护安吉茶农利益，促进安吉白茶的健康发展；准确掌握原产地安吉白茶种植面积和种植区的水、土、气情况，了解茶企的生产加工能力、年产量和销售金额，构建信息库；抓好安吉白茶生产、加工、流通全流程监管工作，确保每个环节有据可查。企业方面，需改变过去传统粗放型、经验式的生产，通过茶园精细化管理，最大限度减少人工成本，提升茶园产量；全程记录从摊青至风选入库的加工链数据，通过大数据分析进一步优化加工工艺，提升成茶品质；优化营销模式，实时掌握商品流通总量、区域等信息，实现安吉白茶商品售后智能营销，助力企业进一步优化营销模式。消费者需要一种便利的手段来了解购买的安吉白茶是原产地生产的产品，从而提高其购买正品安吉白茶的信心。

三、改革路径

按照"全量归集、多维集成、赋能跃升"思路，依托浙江省一体化智能化公共数据平台，打通省"浙农优品"、省"浙农码"、县肥药两制系统等7个数字系统，全面归集茶园确权、农事操作、农户（企业）、农资施用、茶叶交易等14类数据，主要打造五大子场景。

（一）产业地图

运用遥感技术完成安吉全县20.06万亩茶园测绘，精准定位县内1.7万户茶农的茶园位置，集成展示产区分布、茶园位置、茶园面积、所属主体、种植品种等基础数据，并汇集交易、标识管理、包装定制、营销区域等数据进行多维度综合分析，形成数据业务图层，打造"安吉白茶"全产业链数据中心，为精准指导白茶产业发展提供数据支撑。

（二）产业服务

贯通农业农村局、气象局、税务局、邮政管理局、中国农科院茶叶研究所、银行等11个部门（机构）数据，打造交易取号、云间茶园、物流服务、气象服务等19个功能模块，为茶农茶企集成提供生产指导、市场交易、金融支持、政策兑付等全方位服务。如茶叶采摘期间，茶农可通过"交易取号"模块提前预约白茶交易中心摊位，次日可凭预约码直接进入市场交易，推动茶农入场交易更加便捷有序。又如，茶农可通过手机端"云间茶园"模块，线上填报茶园转让信息，经村、镇、部门三级联审核对备案后，即可完成转让，办事流程从原先的"跑多次、等几周"转变为"跑零次、几分钟"。

（三）品牌保护

应用贯通"浙农码"平台，打造"我要领码"功能模块，为茶农茶企设立电子账户，结合茶园测绘确权数据，发放相应数量防伪码，并绑定在相应产品外包装，整合写入茶园降水、加工温度、产品流通等信息，实现实物交易与防伪码同步流转。消费者只需扫描包装上的二维码，就能一键查阅产出基地以及采摘、分选等13个加工环节的溯源信息，确保"安吉白茶"总量可控、全程可溯、品质可信，切实保护产地品牌价值。

（四）产业监管

围绕生产标准执行难、行业管理难、农资控量难等痛点难点，打造"茶叶监测""用工监管""农安信用"等功能模块，推动产业健康规范发展。如围绕茶农施肥药不科学问题，打造"农资监管"功能模块，与省"浙农优品"平台数据互通，获取茶农实名制购买肥药信息，并与《地理标志产品　安吉白茶》国家标准（GB/T20354–2006）进行比对，实时监测茶园肥药施用情况。对于可能存在的过量施肥、施药情况，应用自动发出预警信息，提醒监管部门上门检查指导，推动茶园科学精准施肥用药。

（五）未来茶场

在核心生产基地安装环境监测设备终端，配置全景可视化视频监控、水肥一体化智能灌溉、农产品质量监测等智能管理装备，农户可通过应用实时监测茶园土壤温湿度、电导率等生产相关数据。同时依托中国农科院茶叶研究所的植物保护人工智能平台，建立"茶医生"功能模块，实现智能识别作物病虫害，高效精准提供专业防治管护方案，推动茶园生产管理智慧化。

四、改革成果

（一）实践成果

1. 实现一键办理，享受高效服务

通过数据协同、业务流程再造破解茶农办事难、跑路多、程序繁琐的困扰，如茶园转让，线上就可以完成茶园转让审批，实现"最多跑1次"或"零次跑"，用时只需几分钟；又如交易取号板块，茶农在茶叶交易期可在线上提前预约取号，破解茶农凌晨排队取号的困扰，2022年采茶季取号量达3.6万人次。

2. 健全监管模式，增强品牌价值

"浙农码"赋码安吉白茶，实现消费者扫码查询溯源信息，了解从茶园到茶杯的全过程，增强品牌可信度、消费者认可度，通过"浙农码"赋码的安吉白茶每斤价格高100元。全县白茶品牌价值从2021年的45.17亿元提升至2022年的48.45亿元，增长7.26%；产值由31.13亿元增加至32亿元，增长2.8%；带动全县农民人均增收8800元左右。

3. 建设未来农场，提升生产产能

从根本上解决了产能低、用工多的企业发展痛点，企业通过全流程融合数字技术，"用数据说话、用数据决策、用数据管理"实现企业子品牌价值的提升。截至2022年6月10日，已建成4家试点茶场，辐射面积1.6万亩。

以宋茗茶场为例，青茶日产能最高达 20 吨，同比增长 100%，人工成本降至原来的 10%。其企业品牌（宋茗白茶）价值连续两年得到提升（从 2020 年 4.64 亿元提升至 2022 年的 5.3 亿元），企业增收 825.14 万元。

（二）理论成果

一是优化政府内部职责关系。横向推进部门协同，明确核心业务的部门职责，如茶园面积测绘，由安吉县农业农村局牵头，安吉县自然资源规划局等部门协同完成；茶园投入品管理，由安吉县农业农村局牵头，安吉县综合执法大队等部门协同完成。纵向推进上下贯通，15 个乡镇 187 个村社全部纳入，实现白茶数字化改革全域覆盖。二是创新政府管理服务机制。多渠道数据有效集成形成产业大脑，使得每个环节都有据可查，有效化解了各环节监管脱节问题，实现全产业链的全过程智慧化监管，同时在茶园测绘、确权的基础上，核定"安吉白茶"总产量，实现茶叶总量可控制、来源可查询、质量可追溯的闭环式管理模式。三是推进政府管理制度重塑。根据安吉白茶全程数字化管理机制，制定了《安吉白茶防伪标贴管理办法》《浙农码（安吉白茶 1.0 版）使用指南》《安吉白茶统一专用标贴管理办法》《安吉白茶统一专用包装管理办法》《安吉白茶地理标志证明商标使用管理规则》等规范制度强化行业监管。

（三）领导关注肯定

2021 年 6 月 26 日，时任浙江省委书记袁家军对《以数字化改革推动生态产品价值实现的逻辑与路径——安吉数字化改革专题研究》（其中第二块产业层以"全面推进安吉白茶全产业链数字化升级"为题，重点阐述安吉白茶全产业链数字化改革升级）给予肯定性批示，并要求认真总结完善、适时加以推广。2022 年 5 月 5 日，上级领导对《安吉县多措并举破解茶工疫情下返乡难题，确保茶工"来得了，回得去"》也给予肯定性批示。

（四）试点争创情况

2021年安吉白茶数字化应用纳入浙江省数字化改革重大应用"一本账S1"；安吉白茶产业大脑入选浙江省数字经济系统第一批优秀地方特色应用；获得数字政府最佳应用；获得农业农村数字化改革第一批"优秀应用"；被评定为浙江省2021年数字赋能促进新业态新模式的典型平台；安吉白茶产业大脑入选浙江省农业农村厅"农业产业大脑"建设第一批先行单位。

（五）宣传报道情况

安吉白茶产业大脑数字化场景建设情况在国家《党建要报》第15期刊登、在浙江省数字化改革（工作动态）第16期刊登、在《中国金融》等权威刊物刊发；并被央视、人民日报、农民日报、浙江日报等主流媒体宣传报道30余次。

第四节　案例之仙居——"亲农在线"赋能杨梅产业

仙居县地处浙江东南丘陵山区，素有"八山一水一分田"之称，县域面积2000平方公里，耕地面积38.54万亩。仙居县是中国杨梅之乡、全国农业全产业链典型县、全国农村一二三产融合发展先导区、全国休闲农业与乡村旅游示范县、全国基层农技改革与建设示范县、全国新型职业农民培育示范县、全国绿色种养循环农业试点县。

一、改革背景

习近平总书记指出："产业是发展的根基，产业兴旺，乡亲们收入才

能稳定增长。"①仙居农业产业特色明显，主要有杨梅、仙居鸡、绿色稻米、中药材、茶叶等产业。其中，杨梅产业是仙居县主导产业之一，全县杨梅种植面积14万亩，有梅农3.15万户，约10万人。仙居杨梅区域公用品牌价值达24.98亿元，在同类中稳居全国第一。仙居杨梅还获得"全国十大精品杨梅"、浙江省名牌产品等荣誉，并成功在美国、日本等13个国家和地区注册。仙居杨梅栽培系统于2015年被评为中国重要农业文化遗产，2019年被列入第二批中国全球重要农业文化遗产预备名单。

然而，杨梅产业分布范围广、农户多、主体小，现代化转型难度较大，主要体现在以下三方面：

（一）产业数字化改革待深化

一是产业信息采集不够全面。杨梅产业基础数据不够精准，缺乏对生产、加工、市场等环节数据采集的科学手段，无法对贷款、保险等金融业务提供全面的风险保障。同时，对杨梅土专家的优质高产栽培技术、经验还未系统性地归集。

二是数字资源运用手段匮乏，数据反哺不足。对已归集的产业、技术、环境、市场等数据和优质栽培技术、销售模式，还未通过算力、算法、模型等方式，形成切实可行和操作便捷的应用场景，将数据反哺至农户。

（二）体制机制待完善

在数字化改革的同时，体制改革应同步推进。

一是服务体制亟须重塑。"免税开票""涉农补贴""技术推广"等政府服务流程，"涉农贷款""政策性保险"等金融服务流程复杂，亟须

---

① 习近平：牢记初心使命贯彻以人民为中心发展思想　把祖国北部边疆风景线打造得更加亮丽。人民日报，2019-07-17（1）.

以数字化改革推动其流程再造。

二是经营体制亟须重塑。在数字化改革前，由于产业风险较大，村集体在全产业链发展中缺位，杨梅土专家的积极性无法有效发挥，亟须建立长期有效机制，将村集体和杨梅乡土人才的技术、经验通过股份形式参与产业经营。

（三）村户共富待破局

一是产业有待做大做强。如何科学规划扩增产业，如何拓宽杨梅产业市场，如何持续提升杨梅品牌影响力，如何有效实现文旅融合，解决这些问题存在一定困难。

二是梅农收入不均衡。由于梅农呈现"农户多、主体小"等特点，主体素质参差不齐、生产水平不一，因此梅农收入不均衡。

三是村集体增收乏力。杨梅产业促进村集体增收的路径缺乏，村集体经济提升缓慢。

二、改革路径

仙居县委、县政府落实浙江省委数字化改革精神，坚持"大场景、小切口"，以杨梅为突破口，打造仙居县杨梅产业"大脑"——"亲农在线"，积极探索产业数字化转型的有效路径。

一是建立杨梅产业地图。依托卫星遥感、无人机等技术，电子秤、平台对接等方式，精准采集气象、土壤、市场等多类涉农数据，搭建杨梅产业数据库，绘制杨梅产业地图。

二是以数字资源推动数据反哺。与浙江省农科院等科研单位合作，对已采集的杨梅产业、气象、虫情等数据，结合 1500 多个梅农的高产优质栽

培技术数据，打造杨梅生长模型、杨梅剪枝模型，科学选址规划，做大做强杨梅产业，精准指导梅农生产。

三是促进小农户融入大市场。通过杨梅产业大数据搜集与研究，深入分析杨梅产业市场变动，在此基础上，构建杨梅价格预测模型，形成以市场与价格指数为核心的产业综合指数体系；以适配生鲜农产品流通"最先一公里"冷链功能需要为目标，搭建冷库共享功能。带动小农户有效衔接大市场，助力梅农增收致富。

四是打造全流程的农产品质量安全生产管理溯源体系。搭建生产数字化系统，对接农产品质量安全监管和农安仙居系统，建立品牌准入机制、质量追溯流程、日常监管机制，实现对梅农和生产过程的精准追溯，确保能追溯至农户、地块。搭建品牌管理系统，仙居杨梅品牌实现"一地一证明标"模式，系统根据地块面积统一配给相应数量的证明标识，对杨梅证明标识流通使用统一管理。

五是重塑服务体制。坚持多跨协同，数据共享，纵向贯通省、市、县、乡、村、网格六级，横向联动税务、气象等 12 个部门，打通 17 个数源系统、43 个数据类别。进一步再造政务服务、金融服务、农技服务、品牌保护等四个流程，实现开票、贷款、补贴、保险等各项服务"一键办"。

六是重塑经营体制。依托"产业大脑"，量化土地、资产、技术等要素贡献度，构建杨梅领域二次分配模型，探索发展"村集体＋农户＋股权"的"1+1+X"新型杨梅产共体，"共生共荣"扩大带富力量。

三、改革成果

（一）实践成果

一是在生产上，"亲农在线"整合了全链路"政、银、企、商"资源，实现助梅资源县内循环，打造杨梅生长适宜性、产量预测、采收预判、果树剪枝四类模型，反哺梅农，相比应用上线前，杨梅商品果率提升 60%，生产减灾 52%，产值增长 23.5%；依托市场与价格指数，促进小农户衔接大市场，打通梅农与消费者的通道，全面提升梅农收入，2022 年杨梅收购单价平均提升 133%，梅农增收 3.32 万元。

二是产业链持续扩大，搭建农技服务、品牌管理、生产管理等系统模块，助力杨梅全产业链发展，品牌价值提升。2022 年杨梅全产业链产值 35 亿元，同比增长 32.58%；杨梅区域公用品牌价值达 24.98 亿元，同比增长 6.6%。

三是"产共体"模式稳步开展，赵岙村作为仙居杨梅第一大村，村内建有 2000 平方米的杨梅市场，数据上云后，吸引了工商资本，组建了产共体，引进冷链物流、电商直播等业态，村集体、梅农、工商资本以 2∶3∶2 的比例进行利润分配。通过配股分红和兜底保障，村集体经济年收入从 10 万元提升至 50 万元。

四是服务体系成效显著，2022 年平台已有 6 万多人注册，"杨梅贷"年利率从 5.6% 降到 4.35%，人均年节省利息 2500 元；事项办理精简率达 80% 以上，效率提升 75% 以上，单趟事项办理节约交通成本 20—40 元，时间缩短了 2—4 小时；绘制全国首张杨梅产业地图，对仙居全县 5173 块杨梅小班图按村分类，精准采集并逐块编号，整体覆盖仙居全县 10 万梅农，为补贴、保险、贷款、开票、品牌、物流等服务提供精准数据保障；在全国首创初级农产品交易免税发票在线办理，实现"一键申请、足不出户"

的线上开票，已为3000家农户开具2.02万张增值税电子普通发票，金额达到2.81亿元；"杨梅贷"累计授信人数1.77万户，累计授信总额度25.14亿元，2022年度放贷1570户，达2.03亿元。"我要保险"功能累计已为2.28万户梅农线上投保了15.07万亩杨梅。

（二）理论成果。

一是形成了小农户衔接现代农业机制，2021年10月11日，农业农村部政策研究中心在北京召开乡村共富暨仙居县"亲农在线"助农促富模式研讨会，国务院发展研究中心、中国农科院等13位农业专家参与研讨，与会专家认为："亲农在线"有效解决了小农户融入现代农业、小农户融入大市场、小农户享受全要素等问题，构建了现代农业新机制，为实现农业现代化，促进共同富裕提供好的路径、好的模式、好的创新、好的经验；2022年6月9日下午，中共仙居县委、仙居县人民政府召开"仙居杨梅产业大脑助推共同富裕研讨会"，来自浙江省农业农村厅、浙江省农科院、浙江农林大学、台州市大数据发展管理局等单位的领导和专家就"仙居杨梅产业大脑助推共同富裕"进行了深入研讨，为仙居杨梅产业以及数字农业应用与创新发展"把脉"指导，为杨梅产业如何通过"数字赋能"、带动杨梅上下产业链的健康和可持续发展而出谋划策；出台了《关于数字化改革引领小农户和现代农业衔接机制》，丰富了中共中央办公厅、国务院办公厅印发的《关于促进小农户和现代农业发展有机衔接的意见》的理论体系，为小农户实现农业现代化提供典型案例。

二是建设一套标准。与浙江农林大学数字乡村研究所合作，形成《杨梅全产业链数字化应用标准》，通过标准化建设推进数字技术与杨梅产业的深度融合，推进仙居杨梅产业高质量发展，助力杨梅现代化产业体系构建。

三是形成七项管理制度。坚持以制度重塑为核心，对涉农补贴、政策性保险等七类高频涉农服务进行线上流程再造，形成了《杨梅质量追溯制度》《仙居县农业农村局数据资源共享安全管理规定》等管理制度。

（三）领导关注肯定

《借鉴仙居"为农服务一件事"集成改革，创新"产地云拼"模式，创新低收入农户融入市场的新机制》获得上级领导批示肯定；"亲农在线"便民助农做法获得国家税务总局领导批示点赞；2021 年 8 月 29 日，"亲农在线"在新闻发布会上作为地方特色应用成果发布；《仙居县优化三大集成模式助力梅农走出"数据赋能"共同富裕新路子》得到了上级领导的批示肯定。

（四）试点争创情况

在 2021 年世界互联网大会乌镇峰会上，平台作为 IRS 优秀案例亮相，被评为浙江省 IRS 应用目录使用优秀案例。"亲农在线"数字赋能推动杨梅产业全链式转型做法，入选浙江省科技强农、机械强农十佳实践案例；同年 10 月 11 日，"亲农在线"数字化改革促富，入选《浙江省农业农村领域高质量发展推进共同富裕实践试点》；同年 11 月 24 日，仙居杨梅"产业大脑"赋能杨梅产业高质高效发展，助力仙居县获评农业农村部"全国农业全产业链典型县"；同年 12 月 2 日，第七届中德农业周系列活动中德数字农业解决方案研讨会召开，来自中德两国的十多位数字农业专家就农业数字化、未来农场、智能装备等方面开展讨论，仙居县数字赋能杨梅产业作为典型实践案例发言。2022 年 1 月 10 日，"亲农在线"获评数字政府系统 2021 年度最佳应用。

（五）宣传报道情况

"亲农在线"助推共同富裕被国家发展和改革委员会《改革内参》、清华大学《"三农"决策要参》、浙江省委改革办《改革实验室》等刊物录用刊发；并被央视、人民日报、农民日报、浙江日报等主流媒体宣传报道30余次。

四、应用推广情况

仙居县以数字化改革赋能农业产业，促进共同富裕，适用于多种农业产业，可复制易推广。2021年10月5日，台州市委改革办、市农业农村局联合发文《关于做好台州"亲农在线"应用推广工作的通知》，打造台州版"亲农在线"，推动该应用在台州全市柑橘、文旦、甘蔗等产业的推广。

第五节　案例之黄岩——"瓜果天下"助力共同富裕

黄岩隶属浙江省台州市，位于浙江黄金海岸线中部，全区总面积988平方千米，黄岩区常住人口70余万人。曾入选2019年度全国综合实力百强区、2019年度全国科技创新百强区、第二批国家农产品质量安全县、第二批节水型社会建设达标县（区）。

一、改革背景

黄岩区常年长日照，夏无酷暑，永宁江两岸冲积平原，为各类瓜果生长提供了良好的气候和土壤环境。区内瓜果品种丰富，主要有柑橘、杨梅、枇杷等特色产业，是世界蜜橘之源，东魁杨梅的始祖地，被命名为"中国蜜橘之乡""中国优质杨梅之乡""中国枇杷之乡"。黄岩区外出农业规模庞大，有 4.3 万名外出农民，年产值达到 100 亿元，其中精品大棚西瓜面积约为 47 万亩，占全国 70% 的份额；火龙果、哈密瓜、提子等其他瓜果面积约 10 万亩，带动全国近 10 万民众一起致富。

在瓜果产业发展的过程中，区内农业分布多小散，区外农业情况难以精准掌握，主要体现在三个方面：

一是生产流动化。针对不同种植作物，对土地、农资、种植技术等要求不一，面临土地选址难、农资采购难、标准种植难等一系列问题，急需政府提供一站式的解决方案。

二是产销脱节化。生产端与消费端信息不对称，导致生产者面临销售渠道难、品牌推广难、销售议价难等问题，时常发生好瓜卖不出好价、丰产却不丰收现象。同时，消费端沉淀的数据未能有效指导生产的问题也很突出。

三是服务碎片化。由于外出农民分散在全国各地，相关部门无法按照传统模式开展服务，银行、保险机构外出尽调成本高，导致信用体系不健全，外出农民面临融资难、融资贵、维权难等问题。

二、场景建设

黄岩区按照"三位一体"改革要求，建立"政府＋运营公司"运作模式，通过数据采集、处理、分析和输出，用数据链贯通产业链、资金链、创新链和政策链，全力破解堵点难点问题。重点打造精准化生产、一站式供销、全流程信用、多元化服务四大特色子场景。

（一）精准化生产子场景

主要是依托卫星遥感等技术,通过积温积雨、土地墒情等构建智能选址、病虫害预测等六大模型，助力实现田块精细化管理、病虫害智能化防治等，实现"跟着数据种果"效果。如针对外出农民选址难、选址贵等问题，联合中科院南京土壤所，利用其掌握的全国土壤数据，综合土地流转、种果同乡、矛盾纠纷等因子，开发智能选址模型，形成2843个县（市、区）的种植推荐指数，选址精准度可提升70%以上，极大减少果农选址成本支出。

（二）一站式供销子场景

主要发挥好运营公司的作用，通过"第三方平台＋自建平台"的市场化行为，让产品卖出更好价格。同时，通过数据反哺的形式，指导好果农开展工厂化生产、订单式种植。如针对消费者吸引难问题，运营公司在B端（面向采购商）方面，以全程追溯为核心卖点开展品牌推介会，同时发挥集采优势，撮合果农精准化直销。在C端（面向消费者）方面，以政府公信力为基础，在各大平台开设瓜果天下官方旗舰店，打造自营"瓜果天下"小程序，不断增强用户黏性。其中，"瓜果天下"小程序侧重于精品类、定制化类的果品销售；其他平台侧重于一般类的果品销售。

（三）全流程信用子场景

主要是通过果农画像和市场主体画像两个画像，构建起全过程评价的信用体系，让果农能够更加便捷地获取信用贷款和各类保险服务，让市场主体能够提供质量保障的各类服务。如针对贷款贵、贷款难问题，通过将平台掌握的数据脱敏后反哺给银行机构使用，解决了外出农民尽调难题，并形成良性竞争机制。

（四）多元化服务子场景

主要是通过数据使能，打造集群效应，在集采、物流、包装等方面降低生产成本。如在集采层面，通过政府引导，发挥好议价能力，同农资供应商和源头厂家合作，有针对性地开展集采服务，降低果农的采购成本5%—10%。提供专家在线服务，输出黄岩几十年来西瓜种植经验，建立从种植田块要求到果品品质检测的种植全过程指导体系，全国瓜农可在线学习一系列黄岩西瓜种植经验，碰到疑难问题可直接在线提问，由经验丰富的瓜农进行解答，预计平均每亩增收20%—50%。如河南省夏邑县西瓜种植户，通过平台学习黄岩三膜覆盖技术，亩均增收3000元以上。

三、改革成果

（一）实践成果

1. 进一步提升了为农服务能力

一是精准对接大中型批发市场，提供实时价格行情。与农业农村部信息中心打通，并发挥运营公司前期积累的资源，通过在部分批发市场设立采购摊位与合作相结合，精准对接了北京新发地批发市场、广州江南水果批发市场、河南万邦批发市场、长沙红星批发市场、南京众彩批发市场、四川雨润批发市场、昆明金马正昌批发市场等200家批发市场，每天提供300多种果品、5000多条农产品最新行情的批发价格，让果农能够实时了解行情，卖出好价格。

二是利用平台集采议价能力，大幅降低各项成本。依托政府的公信力背书，从农资集采和物流等方面，降低果农成本，达到降本增效的目标。集采方面，同农资供应商和源头厂家合作，根据果品不同时间阶段的农资需求，有针对性地开展集采服务，推动农资采购成本降低5%—10%；物流方面，由黄岩区农业农村局出面，召集了相关快递公司进行商谈，由运营公司与快递公司签订合作协议，大幅降低了果农物流运输成本。如顺丰快

递降价幅度在 12%，中通快递降价幅度在 40%。

三是整合黄岩区内各类果品资源，拓展社区团购功能。依托微信端小程序，在零售端方面拓展了社区团购功能，提供邮寄和自提两种方式。截至 2022 年，已开展社区团购 6 批次，涉及西瓜、葡萄、水蜜桃等水果品种，订单 568 件，该团购功能深受群众欢迎。

2. 进一步完善了为农服务机制

一是完善了浙江省首个外出农民生产服务机制。改革前，由于外出农民分散在全国各地，依托传统手段无法做到有效服务全覆盖。改革后，依托该应用，通过"政府 + 市场"运行模式，实现了精准、高效服务外出农民。2022 年，应用已入驻瓜果类农技专家 22 名，在线解答果农问题 450 余条；开展各类专题服务 60 次，培训农户 2900 余户。入驻专业律师 3 名，通过合同签订前预审和矛盾纠纷在线答疑指导，矛盾纠纷发生率下降 56%，调解成功率上升 35%。

二是完善了数据共享驱动的产供销一体化模式。充分挖掘数据的利用价值和驱动赋能作用，通过数据使能生产端和消费端，实现了标准化种植、可视化追溯和精准化销售。依托生产种植端与销售消费端的无缝衔接，发挥运营公司销售渠道优势，形成了果农种好果、卖好价的良好氛围。2022 年 3 月份运营公司成立以来，B 端（采购端）方面，已实现果农直销 780 吨，单价提升 14.2%。C 端（零售端）方面，成交量突破 8 万单，破解了外出果农只能批发、难以零售的难题。

三是完善了外出果农组织形式和金融服务模式。组建新型瓜农合作经济组织联合会，已在全国 23 个省（市、区）建立联络处，依托应用吸引会员近 4000 人。在全国率先打造外出农业信用体系，约束规范果农和市场主体行为，对于信用好的瓜农给予贷款利率、农资折扣等优惠。自应用上线以来，由于银行外出尽调成本的大幅降低，黄岩本地为外出果农贷款的银行家数从 2 家上升至 6 家，贷款利率从之前的 6%—7% 下降至 4%—5%，累计有 875 名外出农民线上申请贷款，银行发放贷款总金额 1.7 亿元。

（二）理论成果

1. 领导关注肯定

"瓜果天下"相关举措获浙江省相关领导批示肯定；浙江省政府领导多次听取汇报，表示肯定并提出建设思路指导。

2. 宣传报道方面

2021 年 11 月 2 日，《中国银行保险报》刊发《跨省补贴，异地共保，黄岩"瓜农天下"保生产》；2021 年 12 月 10 日，《人民网》刊发《"瓜农天下"应用全链条式服务 让"天下有瓜"共富裕》；2022 年 2 月 14 日，《浙江日报》刊发《推动高质量发展建设共同富裕示范区丨黄岩打造"瓜农天下"格局的实践启示》；2022 年 3 月 24 日，《半月谈》刊发《数据种瓜，十万人不愁啥》；2022 年 4 月 3 日，《新华每日电讯》头版刊发《黄岩"瓜农天下"应用场景 带动全国瓜农共富》；此外，还被浙江省"两办"信息刊物刊发。

（三）制度成果

制定了《扶持黄岩西瓜产业在全国高质量发展的政策意见》《"新型瓜农"合作经济组织联合组建方案》，并在全国首创推出跨省域政策性农业保险，开出了全国首单跨省域政策性农业保险，为在云南勐海县当地种植西瓜的 200 户、2 万亩瓜田解决了后顾之忧。

（四）试点争创

"瓜农天下"被列入浙江省农业农村厅"浙农富裕"2021年浙江省数字政府"最佳应用"，入选浙江省农业农村厅第一批优秀应用；西瓜产业被列入浙江省农业产业大脑试点；2022年7月，参展福州第五届数字中国建设峰会。

第六节　案例之德清——数字赋能渔业产业

德清县地处浙江北部，位于长江中下游平原，区域面积937.92平方公里，呈现"五山一水四分田"地貌，户籍人口44.2万人，常住人口65万人，辖8个镇、5个街道。县域生态环境优美、人文底蕴深厚、交通区位优越、产业基础厚实，是全国数字农业试点县、国家数字乡村试点县，连续三年荣获"全国县域农业农村信息化发展先进县"，浙江省农业现代化发展水平综合评价实现"六连冠"。7月20—21日，全国数字乡村建设现场推进会在湖州德清成功举行。

一、改革背景

（一）政策需求

一是国家层面。为进一步推动渔业高质量发展，提高渔业现代化水平，构建渔业发展新格局，财政部、农业农村部在2021年7月初公布《关于实施渔业发展支持政策推动渔业高质量发展的通知》（以下简称《通知》）。《通知》明确，"十四五"期间，将推进渔业高质量发展，破解渔业发展难题的迫切需要；优化渔业产业结构，满足渔业转型升级的迫切需要。

2022 年 1 月 4 日中共中央、国务院发布 2022 年中央"一号文件"，指出加快发展渔业设施农业。集中建设育苗工厂化设施。鼓励发展工厂化集约养殖、立体生态养殖等新型养殖设施。推动水肥一体化、饲喂自动化、环境控制智能化等设施装备技术研发应用。在保护生态环境基础上，探索利用可开发的空闲地、废弃地发展设施农业。

二是省级层面。2022 年，《中共浙江省委浙江省人民政府关于 2022 年高质量推进乡村全面振兴的实施意见》正式发布，把"三农"领域作为高质量发展建设共同富裕示范区的主战场，明确了 26 条具体举措，为浙江加快建设农业农村现代化先行省、高质量发展建设共同富裕示范区夯实基础。

（二）产业发展需求

2021 年，德清县水产养殖总面积 18.2 万亩，水产品总产量 16 万吨，总产值超 24.4 亿元，占全县农业产值的 50% 以上，渔业是德清县农业重点产业。

但总体而言，现有水产养殖还是以零、小、散的传统鱼塘养殖为主，在养殖侧主要存在以下问题和需求：

生产效率低、风险高：每日午夜水产品极易因缺氧死亡，且设备断电、漏电等故障、隐患多，需巡塘，养殖户处于长期疲劳状态；急需精准化、实时化、高可靠的智能养殖监控体系来提升水产养殖的数字化管理能力。

缺乏统一的科学养殖服务体系：养殖户专业知识匮乏，饲料、动保、药品投喂管理凭经验，利用率低，质量难保障，疾病防范能力弱；亟须建立一套完善的水产养殖综合服务体系，帮助养殖户提升养殖管理能力。

水产品标准化程度低：养殖全过程中水下情况不可见、不可控，无法准确判断药残、数量和规格比例等；水下资产无法盘点，导致金融、保险等资源无法有效导入；亟须建立一套有效的、常态化的水产品盘点、打样、检测服务体系，在产地端提高水产品的标准化。

传统鱼塘尾水污染严重：鱼塘内排泄物无法有效清理，是水产养殖疾病多发和富营养化水体排放的主要根源；亟须建立一套可持续的、维护成本较低的尾水排放处理或循环处理系统。

部分传统鱼塘为耕地开挖：从保护耕地、提高粮食产量的角度看，需要推动退塘还田，但农户亩均收益会降低。亟须建立一种对传统鱼塘具有替代作用，又能极大提高土地利用率和单位体积产量的设施化生态养殖新模式，保障渔业的绿色可持续发展。

另外，从供应链和销售侧来看，日益升级的消费需求难以得到保障和满足。

安全品控要求不断提高：由于产地和销地批发市场间品控体系缺乏，水产品容易产生安全隐患。

规格标准要求提高：随着生鲜电商、预制菜、商超等新零售的快速发展，对货源的规格、品质等的标准化程度日益提高，但传统鱼塘水产品难以满足要求，需进一步提高标准化匹配能力。

稳定、高频供应要求提高：下游渠道对于货源日常供应的稳定性日益提高，但单一养殖鱼塘养殖周期和单一养殖主体的产量无法完全满足供应需求，但临时寻找货源又会严重影响品质。

物流损耗要求降低：活鲜物流是所有货类物流中的最大难点，不确定因素多、应激环节多、损耗高，极大增加了水产品供应链的成本。

二、改革路径

为满足上述渔业政策要求和产业发展需求，进一步加速传统渔业的数字化改革，从产供销全链条、全要素的角度稳步推动渔业产业升级，德清县先行先试，瞄准智慧养殖数字化服务赋能和供应链标准化赋能两大抓手。自 2018 年起，即引进市场化主体公司，抓住鱼塘水质智能监控的小切口，在德清全县初步建立物联网数字渔业服务体系的基础，2022 年已服务 4000 余个鱼塘用户，覆盖近 4 万亩鱼塘面积，通过每个鱼塘中的智能传感器进行实时水质参数监测，以及云端平台的智能分析和决策反馈，初步实现数字化，大大减轻了养殖户劳动强度和水产半夜浮头死亡风险，养殖产量有 10%—20% 的提升，为后续进一步升级、完善数字化养殖服务体系打下了重要基础。

同时，为解决传统鱼塘尾水达标排放的问题，德清县在全国率先建立了覆盖全县域养殖区域的尾水处理系统。德清县渔业养殖尾水治理智慧监管平台针对全县 1533 个渔业养殖尾水治理点实行信息化管理，将每个治理点的位置信息、养殖情况、尾水处理设施情况、第三方水质检测数据纳入平台管理，并可通过视频监控远程查看各个示范点的现场实景，同时可通过监管后台和手机 App 管理各示范场点的智能曝气设备，推送发布德清县重要渔业情况，实现从县到镇（街道）、治理场点的网格化管理。

另外，为填补传统水产供应链产地侧标准化品控缺失，德清县创新地建立了数字生态渔仓模式，一端通过物联网连接服务鱼塘用户，另一端连接下游生鲜、商超、餐饮等平台，并基于新型智能蜂窝池养殖系统、检测中心、分拣加工中心、溯源中心等集成改革，较好地解决了传统水产供应链中药残隐患、非标准化严重、物流高损耗、货源不稳定、全链条溯源等诸多复杂和协同性问题。其中，智能蜂窝池养殖模式通过 2020—2022 年的迭代完善，已经比较成熟，通过 30 平方米的陆基圆形池可以达到传统鱼塘约一亩的产量（2000—3000 斤 / 亩），大大提高养殖土地利用率，为今后退塘还田和全面替换传统鱼塘产能创造广阔的发展空间，同时通过绿色生态循环实现养殖尾水零排放，并养殖出更高品质、更标准化的水产品，既可以满足一般成品鱼的暂养要求，也同时满足水产品的全程养殖。另外，通过叠加分拣、加工等功能区域，将可以开创全新的"仓养一体化"养殖模式，大大提高渔业产供销一体化的进程，促进全要素通过数字化创新融合，推动渔业产业链全面升级。另外，基于智能蜂窝池 + 物联网智能养殖服务，可以充分释放数字生态渔仓的产业共富价值，变农户个体传统养殖为平台智能化标准化养殖服务，为切实推动资源变资产、资金变股金、农民变股东，全面带动农户共同富裕奠定重要的基础。

三、改革成效

近年来，德清以数字化改革为牵引，围绕农业智能、乡村智治、农民智富三大方向，大力推进数字乡村建设，推动县域农村生产、生态、生活全面转型。乡村新基建基础扎实，乡村数字经济迅猛发展、乡村服务便捷暖人心、乡村整体智治全域覆盖，互联网普及率达 94.8%、5G 网络覆盖率超 95%，省级数字农场数量居浙江全省第一，"数字乡村一张图"全域覆盖。获批制定全国首个数字乡村建设县级地方标准《数字乡村建设规范》，"整体智治唯实惟先数字赋能乡村振兴——浙江省德清县数字乡村建设实践"作为全国唯一数字乡村建设案例入选全国基层干部学习培训教材《乡村振兴实践案例选编》，"'数字乡村一张图'遥感监测助力乡村智治"作为浙江省唯一案例入选《数字乡村建设指南 1.0》。

尤其是，通过对传统渔业逐步深入的数字化改革，德清县取得了较为突出的改革成效，相关重要突破如下：

一是物联网数字渔业服务体系日趋完善。截至 2022 年 7 月，共为 4000 多名鱼塘用户提供远程智能增氧服务累计 250 万余次，各类紧急报警电话服务 150 万余次，养殖户的半夜劳动强度降低了 80% 以上，鱼塘智能增氧机节点大于 25%，浮头事故率从原来 2% 降低到 0.1% 以下，并提供了 10 万余次的水质健康分析报告，大部分养殖户产量得到了 10%—20% 的提升。

二是渔业养殖尾水治理推动绿色先行。2017 年，德清县在全国率先开展全县域渔业养殖尾水治理工作，建成治理场点 1533 个，完成治理面积 18.5 万亩，该项目在全国渔业博览会上斩获绿色发展突出贡献奖。德清县编制并发布了《德清县养殖水域滩涂规划（2017—2030）》，科学划定禁养区、限养区和养殖区，明确水产养殖空间布局，在养殖区内调整养殖品种结构，取缔高污染养殖，引进推广效益明显、污染少、符合消费需求的新品种，从源头减少渔业养殖污染。围绕渔业绿色健康养殖"五大行动"，开展用药减量、配合饲料替代冰鲜杂鱼等工作，发展池塘内循环流水"跑道"养殖、工厂化设施化、生态鱼仓等养殖模式，打造"池塘跑道养鱼""物联网养鱼""工厂设施养鱼"基地，建设水产种业硅谷。2022 年，已建成 42 家国家级及省级水产健康养殖示范场，成功创建全国健康养殖示范县、省级渔业转型发展先行区。

三是数字生态渔仓新型模式颇有成效。由德清县下渚湖街道和睦村与庆渔堂公司采取村企合作模式打造的数字生态渔仓样板基地已成功投入运营，每天为叮咚买菜、盒马鲜生等生鲜电商在长三角重点城市销地仓供应

20000 斤以上优质水产品，养殖户端单斤约有 0.5 元 / 斤溢价增收。叮咚买菜也已明确向德清县政府和庆渔堂公司提出了进一步扩大数字渔仓建设和运营规模的战略合作意向，共同打造数字渔仓产地仓和订单化养殖模式，进一步提高优质水产品的长期、稳定供应能力。

参考文献

1. Alston J M, Beddow J M, Pardey P G. Agricultural research, productivity, and food prices in the long run. Science, 2009, 325(5945): 1209–1210.

2. Altieri M A. Agroecology: the Scientific Basis of Altrnative Agriculture. USA: Berkeley, University of California, Division of Biological Control (UCB), 1983.

3. Carter M R, Lybbert T J. Consumption versus asset smoothing: testing the implications of poverty trap theory in Burkina Faso. Journal of Development Economics, 2012, 99(2): 255–264.

4. Chen C. Technology adoption, capital deepening, and international productivity differences. Journal of Development Economics, 2020, 143: 102388.

5. Cox G W, Atkins M D. Agricultural ecology: an analysis of world food production systems. USA: WH Freeman, 1979.

6. Dalgaard T, Hutchings N J, Porter J R. Agroecology, scaling and interdisciplinarity. Agriculture, Ecosystems &Environment, 2003, 100(1): 39–51.

7. Deschênes O, Greenstone M. The economic impacts of climate change: evidence from agricultural output and random fluctuations in weather. American economic review, 2007, 97(1): 354–385.

8. Gliessman S R. Agroecology: researching the ecological basis for sustainable agriculture. USA: Springer–Verlag, 1990.

9. Gliessman S R. Agroecology: the Ecology of Sustainable Food Systems. USA: CRC press, 2006.

10. Goodstein E S, Polasky S. Economics and the Environment. USA: John Wiley & Sons, 2017.

11. Huang J, Hu R, Rozelle S, et al. Insect–resistant GM rice in farmers' fields: assessing productivity and health effects in China. Science, 2005, 308(5722): 688–690.

12. Jensen R. Do labor market opportunities affect young women's work and family decisions? Experimental evidence from India. The Quarterly Journal of Economics, 2012, 127(2): 753–792.

13. Klages K H. Crop ecology and ecological crop geography in the agronomic curriculum. Journal of the American Society of Agronomy, 1928.

14. Kube R, Löschel A, Mertens H, et al. Research trends in environmental and resource economics: insights from four decades of JEEM. Journal of Environmental Economics and Management, 2018, 92: 433–464.

15. Lin J Y. Rural reforms and agricultural growth in China. The American Economic Review, 1992: 34–51.

16. Lybbert T J, Beatty T K M, Hurley T M, et al. A century of publishing

the frontiers of the profession. American Journal of Agricultural Economics, 2018, 100(5): 1253–1274.

17. Martin K, Sauerborn J. Agroecology. Amsterdam: Springer, 2013.

18. McMillan J, Whalley J, Zhu L. The impact of China's economic reforms on agricultural productivity growth. Journal of Political Economy, 1989, 97(4): 781–807.

19. Pfeiffer L, Lin C Y C. Does efficient irrigation technology lead to reduced groundwater extraction? Empirical evidence. Journal of Environmental Economics and Management, 2014, 67(2): 189–208.

20. Rosenzweig C, Parry M L. Potential impact of climate change on world food supply. Nature, 1994, 367(6459): 133–138.

21. Wezel A, Bellon S, Doré T, et al. Agroecology as a science, a movement and a practice: a review. Agronomy for Sustainable Development, 2009, 29(4): 503–515.

22. Wezel A, Soldat V. A quantitative and qualitative historical analysis of the scientific discipline of agroecology. International Journal of Agricultural Sustainability, 2009, 7(1): 3–18.

23. Wright B. Global biofuels: key to the puzzle of grain market behavior. Journal of Economic Perspectives, 2014, 28(1): 73–98.

24. Yamano T, Alderman H, Christiaensen L. Child growth, shocks, and food aid in rural Ethiopia. American Journal of Agricultural Economics, 2005, 87(2): 273–288.

25. Yao Y. Rural industry and labor market integration in eastern China.

Journal of Development Economics, 1999, 59(2): 463–496.

26. 常绍舜. 从经典系统论到现代系统论. 系统科学学报, 2011（3）: 1-4.

27. 车品觉. 数据的本质. 北京: 北京联合出版公司, 2017.

28. 陈煌. 农业经济学学科介绍及国内外前沿问题. 经济资料译丛, 2020（1）: 96-101.

29. 陈秋红, 朱侃. 国内农业经济研究 40 年: 热点主题与研究前沿——基于高被引论文关键词大数据的分析. 河南师范大学学报（哲学社会科学版）, 2019（1）: 65-72.

30. 陈振明. 西方新公共管理运动述评. 北京: 中国人民大学出版社, 2003.

31. 陈畴镛. 数字化改革的时代价值与推进机理. 治理研究, 2022（4）: 18-26, 123-124.

32. 程渭山. 发展高效生态农业浙江的战略选择. 今日浙江, 2005（18）: 20-21.

33. 程晟, 白晨, 王延隆. 从数字治理到数字化改革的浙江实践. 观察与思考, 2022（4）: 104-112.

34. 仇焕广, 陈晓光, 吕新业. 农业经济研究的前沿问题与方法探讨. 农业技术经济, 2018（1）: 17-23.

35. 崔艺凡, 尹昌斌, 王飞, 等. 浙江省生态循环农业发展实践与启示. 中国农业资源与区划, 2016（7）: 101-107.

36. 冯·贝塔朗菲. 一般系统论基础发展和应用. 林康义, 魏宏森, 等, 译. 北京: 清华大学出版社, 1987.

37. 顾益康, 黄冲平. 浙江发展高效生态农业的战略与思路. 浙江农业科学，2008（2）：125–128.

38. 何盛明. 财经大辞典. 北京：中国财政经济出版社，1990.

39. 胡钢，王文军. 论生态农业与农业现代化. 安徽农学通报，2006（10）：10–13.

40. 黄国勤，McCullough P E. 美国农业生态学发展综述. 生态学报，2013（18）：5449–5457.

41. 黄国勤，赵其国，龚绍林，等. 高效生态农业概述. 农学学报，2011（9）：23–33.

42. 黄令珑. 日本环境保全型农业之推进及启示——以长野县为例. 南方农机，2021（3）：49–51.

43. 黄艺伟. 当代日本环境保全型农业发展研究. 咸阳：西北农林科技大学，2020.

44. 贾乐，王伯文. 韩国农业发展经验对中国的启示. 中国畜牧业，2020（5）：39–41.

45. 姜靖，刘永功. 美国精准农业发展经验及对我国的启示. 科学管理研究，2018（5）：117–120.

46. 蒋文龙，朱海洋. 浙江乡村，数字变革风正劲. 农民日报，2022-02-22（1）.

47. 焦必方，孙彬彬. 日本环境保全型农业的发展现状及启示. 中国人口·资源与环境，2009（4）：70–76.

48. 金钟范. 韩国亲环境农业发展政策实践与启示. 农业经济问题，2005（3）：73–78，80.

49. 赖亚兰. 重庆三峡库区高效生态农业可持续发展模式与机制研究. 重

庆：西南农业大学，2001.

50. 李谷成.中国农业经济学科的发展与转型——基于高校（高等教育）的探索和实践.农业经济问题，2019（11）：135-142.

51. 李天华，陈宏毅.美国智慧农业对中国农业发展的启示.黑龙江农业科学，2020（4）：111-114.

52. 李伟娜，张爱国.美国发展生态农业的成功经验.世界农业，2013（1）：92-94.

53. 梁军锁.德国农业面面观.农产品市场周刊，2018（24）：58-59.

54. 梁爽.基于系统论视野的政府内耗问题研究.长春：吉林大学，2014.

55. 蔺全录，包惠玲，王馨雅.美国、德国和日本发展家庭农场的经验及对中国的启示.世界农业，2016（11）：156-162.

56. 刘桂花.东营市高效生态农业发展的SWOT分析及路径选择.胜利油田党校学报，2016（1）：113-117.

57. 刘朋虎，黄颖，赵雅静，等.高效生态农业转型升级的战略思考与技术对策研究.生态经济，2017（8）：105-110，133.

58. 刘朋虎，赵雅静，张伟利，等.论绿色发展理念与高效生态农业.亚热带资源与环境学报，2017（3）：88-94.

59. 刘彦，张晓敏.荷兰怎样发展高效生态农业.学习时报，2021-11-19（2）.

60. 刘渊.关于数字化改革理论内涵的解读.政策瞭望，2021（3）：31-32.

61. 刘玉洁.德国生态农业园建设对我国的启示.中南林业科技大学学报（社会科学版），2018（2）：43-46.

62. 刘振剑，刘家骅.农业生态经济学的发展现状分析——评《农业生态经济学》.植物检疫，2020（5）：94.

63. 刘珊.韩国电信巨头启动智慧农场服务体系.农业工程技术，2016（16）：71.

64. 陆明红，刘万才，赵清，等.韩国农业发展经验及对我国农业发展的启示.中国植保导刊，2020（3）：90-92，18.

65. 骆世明.农业生态学的国外发展及其启示.中国生态农业学报，2013（1）：14-22.

66. 骆世明，等.农业生态学.长沙：湖南科技出版社，1987.

67. 热带亚热带生态研究所.骆世明教授：中国农业生态学的开拓者.中国农业大学学报（社会科学版），2017（1）：137.

68. 马健，韩星焕.日本协同推进环境保全型农业的举措及对我国的启示.西北农林科技大学学报（社会科学版），2017（4）：99-105

69. 毛迎春，黄祖辉.中国农业经济与管理学科的发展与趋势.福建论坛（人文社会科学版），2006（4）：14-16.

70. 农业农村部市场与信息化司联合农业农村部信息中心.2021全国县域农业农村信息化发展水平评价报告，2021.

71. 彭海容.美国七成农场"触网"智慧农业带来"绿色革命".中国食品，2015（21）：30-33.

72. 钱学森，等.论系统工程.长沙：湖南科学技术出版社，1982.

73. 邱然，黄珊，陈思."习近平同志坚持用创新的思路和办法抓'三农'工作"——习近平在浙江（二十四）.学习时报.2021-04-02（3）.

74. 舒迎花，王建武，章家恩.农学类专业课课程思政教学模式与方法探索——以"农业生态学"为例.中国大学教学，2022（Z1）：63–68.

75. 孙宝鼎，刘佳.德国农业生态补偿及其对农业环境保护作用.世界农业，2013（7）：99–101.

76. 孙略.高效生态农业的特性及实现途径探究.种子科技，2017（3）：28–29.

77. 田甜.发达国家生态农业发展经验对中国的启示——以美国、德国和日本为例.农业展望，2021（8）：71–75.

78. 万宝瑞.发展高效生态农业是现代农业建设的必由之路.中国食物与营养，2009（7）：4–6.

79. 王兵，吴晓柯，任璐怡，等.浙农码——农业农村领域数据服务入口建设及应用.浙江农业科学，2022（7）：1627–1630.

80. 王彦敏.德国生态农业立法的实践及启示.审计观察，2018（5）：70–73.

81. 王有强，董红.德国农业生态补偿政策及其对中国的启示.云南民族大学学报（哲学社会科学版），2016（5）：141–144.

82. 魏宏森.钱学森构建系统论的基本设想.系统科学学报，2013（1）：1–8.

83. 文史哲.德国艾策尔农场：生态农业最早的践行者.农村·农业·农民（A版），2014（3）：50–51.

84. 乌裕尔.韩国的亲环境农业.农村工作通讯，2007（2）：63.

85. 习近平.论"三农"工作.北京：中央文献出版社.2022.

86. 习近平.之江新语.杭州：浙江人民出版社，2007.

87. 习近平.走高效生态的新型农业现代化道路.人民日报.2007–03–

21（9）.

88.习近平.干在实处走在前列——推进浙江新发展的思考与实践.北京：中共中央党校出版社.2006.

89.夏海龙，闫晓明，张阳.韩国亲环境农业的发展及农协的促进作用.世界农业，2014（4）：33–34，65，203.

90.夏辉，刘江，秦哲.区块链技术如何与农业融合发展？——基于日本经验的启示.农村经济，2022（1）：20–29.

91.谢康，易法敏，古飞婷.大数据驱动的农业数字化转型与创新.农业经济问题，2022（5）：37–48.

92.谢康，夏正豪，肖静华.大数据成为现实生产要素的企业实现机制：产品创新视角.中国工业经济，2020（5）：42–60.

93.徐子青.亲环境农业发展以营造氛围为先——对韩国亲环境农业发展的思考.发展研究，2009（7）：36–37.

94.杨全海.智慧农业将让农民消失，美国七成农场"触网".农业工程技术，2016（9）：75–76.

95.尹昌斌，李福夺，王术，等.中国农业绿色发展的概念、内涵与原则.中国农业资源与区划，2021（1）：1–6.

96.于景元.钱学森科学历程中的三大创造高峰.科技日报.2009–11–12（3）.

97.张辉，张永江，杨易.美国、加拿大精准农业发展实践及启示.世界农业，2018（1）：175–178.

98.张俊飚，颜廷武.中国农业经济管理学科发展70年：回顾与展望.华中农业大学学报（社会科学版），2019（5）：1–11，164.

99. 张译心. 拓宽农业经济学发展之路. 中国社会科学报, 2021-12-31（2）.

100. 张宇泉, 曹正伟, 锡林图雅. 美国精准农业技术推广经验及对我国启示. 上海农业学报, 2020（3）: 119-125.

101. 章家恩, 骆世明. 农业生态学国家精品课程建设的实践与思考. 当代教育理论与实践, 2014（3）: 29-31.

102. 赵桂慎, 任胜男, 原燕燕, 等. 2020年农业生态学热点回眸. 科技导报, 2021（1）: 166-173.

103. 浙江省农业农村厅. 2021浙江省县域数字农业农村发展水平评价报告, 2021.

104. 郑水明. 生态循环农业的浙江实践. 农村工作通讯, 2011（11）: 22-24.

105. 众筹. 美国: 大数据打造精准农业. 当代农机, 2020（7）: 56-57.

106. 周佳, 马健. 土壤改良视角下日本环境保全型农业对我国农业可持续发展的启示. 安徽农学通报, 2022（6）: 5-7.

107. 周娜, 毛世平, 马红坤. 韩国农业科技创新体系现实特征及启示. 世界农业, 2021（7）: 58-68.

108. 朱海洋. 浙江"肥药两制"数字化改革再加速. 农民日报. 2021-11-26（7）.

109. 朱海洋. "浙农优品"赋能"肥药两制"改革. 农民日报. 2022-01-28（6）.

110. 朱海洋. "螺蛳壳"里做出农业高质量发展"大道场". 农民日报. 2022-07-22（1）.